少小奮志蒿萊裏珍琦古物宜憶長
練就慧目坐石論生成赤膽水鏡藏
寄言惟大存高遠有志乃宏
援奇先感心動耳迴腸氣
曾經滄海何緣緝
徐森玉緣崔陟詩　在浩繪
丙戌六日　蕭士湖敬題

中国文博名家画传

徐森玉

郑重 著

文物出版社

目录

一　刊刻古籍的世家

徐森玉（1881～1971），名鸿宝，字森玉，后以字行。目录学家、版本学家、鉴定家。清末举人。历任奉天将军署文案、奉天测绘局局长、奉天高等工业学校监督，江苏工业学校监督，学部图书局编译员，京师图书馆编纂部主任及教育部佥事、北京大学图书馆馆长、北平图书馆采访部主任及故宫博物院古物馆馆长、秘书长、副院长等职。早年居北平，其藏书处有寒梧山庄，藏书印有"徐鸿宝印"、"森玉曾识，识者宝之"及"寒梧山藏"等。1949年后，曾任上海市文物保管委员会副主任、主任，华东军政委员会文化部文物处处长，上海博物馆馆长，中央文史馆副馆长。1950年，郑振铎即称他为"国宝"，学术界多称之为森老。

清光绪七年夏历（1881年）七月二十三日，徐森玉出生于浙江吴兴菱湖镇。八岁丧父，兄弟（兄守之，名鸿猷；弟鹿君，名鸿宾）三人由母亲带着，投奔了一位在九江当知县的叔叔。母亲闵氏，出身浙江名门，世代以刊刻古籍为业。明万历、天启年间，湖州"闵氏套色刻本"曾风行天下（图一、二）。

吴兴闵氏刊本书籍，是徐森玉外婆家的先人闵齐伋所创，采用朱墨与五色套版，并由凌濛初汇辑诸名家诸文评点而印行。武进涉园主人藏书家陶湘收书，特留心闵版，积三十年的时间，得书一百多部，并编印了《明吴兴闵版书目》，由版本学家傅增湘作序。傅增湘对闵版书有着很高的评价。他说："闵版书字体方正，朱墨套印，或兼用黛、紫、黄各色。白纸精印，行疏幅广，光彩炫烂。书面签题，率用细绢朱书标明，颇为悦目。其书则群经、诸子、史钞、总集、文集，下逮词曲，旁及兵、占、杂艺，凡士流所习用者，大率咸具。其格式则栏上录批评，行间加圈点标搠，务令词义显豁，段落分明。皆采撷宋元诸名家之说，而萃一编。欲使学者得此可以识途径，便诵习，所以为所初学计者，用心周至，非徒为美观而已。数

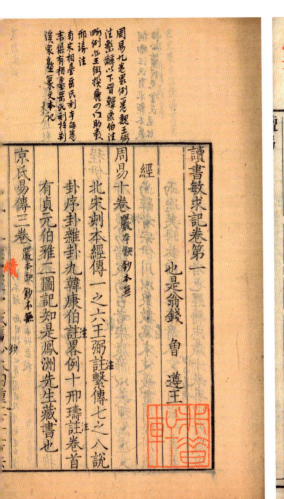

一　闵刻本《读书敏求记》

二　闵刻本《檀弓》

三　二十岁时的徐森玉

百年流布人间，称为'闵版'。"傅氏对闵版书的印刷、装帧、内容、
实用性等进行了全面的介绍，由此可见闵齐伋编书时为读者着想，
可谓用心良苦了。

　　闵齐伋在《乌程县志》中有传，字及五，号寓五，又号遇五。明
诸生，不求进取，耽著述。世所传朱墨字版、五色字版，谓之"闵
版"，多为其所刻。著有《六通书》，盛行于世。闵齐伋与凌濛初生

同时，长同邑，同样嗜书，与茅鹿门、钟敬伯、李卓吾等，相论文。

闵刻本延续数百年，徐森玉的母亲亦能刻版印书。徐森玉以治版本之学终生，可谓是血统遗传了。

徐母知书达礼，写得一手好字，徐森玉的古文功底，最初就是得益于母亲。他少时在家塾读了两年，塾师即对徐母说："这孩子本领已大过我，叫他去报考白鹿洞书院吧。"白鹿洞在庐山脚下，当年是朱熹讲学的地方，江西派学人多在此三沐三浴。果然，他一举考入了白鹿洞书院，成了于式枚的学生。于式枚，字晦若，广西贺县人，光绪六年进士，是国学大师。徐森玉在他的教育下，贯通经史，尤工骈俪，为国学、版本目录学打下了扎实的基础。应科举考试，得中举人。不过，徐森玉之所以成为一代著名的古物鉴定大师以及金石学、版本学、目录学专家，还与清皇室的宝熙有关。

中举之后，徐森玉在1900年考入山西大学堂，攻读化学。读书期间，不仅每年从奖学金中分出一部分供弟弟读书，还编撰了《无机化学》与《定性分析》诸书出版，人称"奇才"（图三至五）。如《无机化学》一书，1908年8月由商务印书馆出版，对原子论和分子学说在清末民初的传播是有贡献的。山西大学堂监督宝熙（瑞臣）国学造诣颇深，写得一手好字，且对皇族中的收藏及清宫掌故了解颇详，喜欢与才俊之士谈古论今、鉴赏古文物。他常派人用轿子把徐森玉接进府中彻夜长谈，遂成为一对忘年交。有时新得一古物，他们更是兴趣浓郁，连夜引经据典，分析考证，大大地过一番瘾。若干年后，两家都迁入北平，继续他们的古物考证与鉴定研究。

徐森玉在中年以前，曾从事绘画、书法和篆刻，与画家萧谦中过从甚密。两个人是少年同学，经常在一起探讨绘画、篆刻的学问。他的书法脱胎于欧阳询，兼写汉、魏碑及篆书，字体隽美严整，别有情趣。中年时，他还常为人写对联、扇面，间或也为人家写寿屏或墓志铭。在北洋政府教育部任职时，由于教育部经常欠薪，他就订出润例，鬻字贴补家用。徐森玉很欢喜女儿文绮，写对联时总要女儿为他磨墨、拉纸。有一次，女儿为他拉纸，写了一副对联，他还要再写一副。写第二副时，年幼的女儿已经不耐烦，手就动来动

四　徐森玉与大哥（前排右一）、三弟（后排右一）
　　及儿女合影
五　徐森玉与三弟（左一）及友人合影
六　徐森玉夫妇与长子徐文坰合影

七　徐森玉在长子徐文坰的婚礼仪式上

八　徐森玉次子徐文堪（右一）在京与季羡林长谈

九　1932 年，徐森玉与女儿徐文绮（右一）及家人摄于
　　北京西山大觉寺

去，他当然写不好了，就对女儿说："你不愿意拉，就不要拉了。"女儿手一松，对联就卷了回去，弄得已写好的字都沾上了墨。他没有责备女儿，只是跺了一下脚，就跑出去，又买了一幅对联轴纸回来，继续写。女儿上小学四年级时，学校要开成绩展览会，老师分配给文绮写一副对联，他高兴地为女儿根据欧字帖上的字，选了对联的句子，并磨墨拉纸，指导女儿如何着笔。

清末民初至"五四"时期，佛学唯识论曾经是当时许多学人关注和研究的学问之一。徐森玉于1921年与韩清净（1884~1949年）居士等发起组织"法相研究会"。1927年，在此基础上于北京创立"三时学会"，成为华北法相唯识学研究中心，与欧阳渐居士主持的南京支那内学院齐名。韩德清终生精研唯识，尤致力于《瑜伽师地论》，所著《瑜伽师地论科句披寻记》达百余万言，被誉为20世纪以来汉文内典中的惊人作品。徐森玉曾随韩德清研习佛学多年，并在1925年与韩氏等二十余人一同赴日本，出席在东京召开的"东亚佛教大会"，结识了不少日本著名佛教学者，如水野梅晓、高楠顺次郎、常盘大定等。道端良秀在1987年出版的名著《日中佛教友好二千年史》中，曾两次提到徐森玉的名字。但是，徐森玉中年虽皈三宝，成为知名居士，但对佛教的兴趣始终着重在学理方面，而不是信仰方面。

徐森玉有二儿一女，长子文垌，字伯郊，为原配王氏所生；次子文堪，为后续诸氏所生；女儿文绮，系其三弟鹿君之女，自幼过继给他（图六至九）。

二　悠游林下
结缘古物

徐森玉早期的北京生活，虽然任职北洋政府教育部或图书馆，但仍是位林下君子，或研究碑帖，或交友论学，或旅游访古，表现出潇洒淡泊的性情。

1. 和鲁迅一起摆弄"黑老虎"

山西大学堂毕业后，徐森玉历任奉天高等工业学校、江苏工业学校监督（校长）。辛亥革命时，与红十字会赴武昌救护革命志士。民国成立后，蔡元培任政府教育总长，设社会教育司，管理图书馆、博物馆和文化艺术工作。鲁迅为该司一科科长，徐森玉原是北京大学图书馆馆长，后继江瀚任京师图书馆（北京图书馆的前身）馆长。他走后，北京大学图书馆乃由李大钊接任管理。吴虞在1938年4月27日日记中云："阴。午，马叔平、徐鸿宝来。徐浙江吴兴人，北大图书馆长，其继者即李大钊也。"又云："大钊死后，其女在北平景况甚窘，董汉苍生前将诗文稿遗森玉处，今已为印出，惜未装订而中日战起。"又云："刘申叔夫人何震后来疯狂而死。申叔全集钱玄同料理付印成书百余册。予送森玉《文录》一部四册。"徐森玉于1918年入教育部任佥事，参加筹创京师图书馆和历史博物馆。按照旧时官制，佥事比科长略高，所以鲁迅先生曾打趣地说："佥事这官儿倒也并不算怎样的'区区'"。

北洋政府统治下的教育部，正像鲁迅后来在《反'漫谈'》中所讽刺的那样，"所谓教育当局，十之九是意在'当局'……说得露骨一点就是做官"，根本不把教育事业放在心上，所说总统、总理、执政从列强捞的款项，屡被频年恶战的军阀挟持精光，因而中央的一些部，特别是教育部便成了一个欠薪有名的部门。徐森玉、鲁迅的官职并不算"区区"，然而却是过着一种"精神上的财主"、"物质上的穷人"的生活。解放后，徐森玉还记忆犹新地说："我和鲁迅先生都是佥事职位，当时的薪金虽比较高，但教育部经常欠薪，一拖再拖，在我离开教育部时，会计出了一个欠薪的证明，一张条子，就算了结。鲁迅当时也饱受欠薪之苦。"

这时，鲁迅的思想较苦闷，工作之余埋头于碑拓研究。徐森玉的碑帖之学已颇有名气。他们在一起最有兴趣的，就是摆弄"黑老虎"——迷恋古碑拓片。在这方面，徐森玉收藏甚富，而且知识渊博，对鲁迅是有过帮助的。

据顾燮光《梦碧簃石言》卷五所记，徐森玉所藏墓志有：

北魏广陵王元羽墓志铭，正书。景明三年七月。洛阳出土。

北魏元显俊墓志铭，正书。延昌二年二月十九日。送给京师历史博物馆。

北魏轻车将军元斑妻穆玉容墓志铭并盖，均正书。神龟二年十月。洛阳出土。

北魏豫州刺史河南元斑墓志铭并盖，均正书。孝昌二年十月。洛阳出土。

北魏林虑郡王元文墓志铭，正书。太昌元年十一月十九日。

又据藏书家董康《东游日记》卷九（民国二十五年九月二日）所记：接徐森玉函，寄易州新发现北魏皇帝东巡之碑，即《水经注》易水御射碑。奇怪类"爨宝子"，唯磨泐不完，释之如后，并补录《水经注》以资印证。

从清代末年到20世纪30年代，南北朝墓志，尤其是北朝墓志的出土达到一个高峰。主要的出土地点有曾为北魏首都的河南洛阳，曾为东魏与北齐首都的河北邺城地区，以及曾为西魏首都的陕西西安附近。墓志的出土引起学者们极大的兴趣。

由于徐森玉和鲁迅的工作都和图书馆有关，遇事他们就一同去办。例如1919年教育部发有一个通知写道：奉次长嘱，派秘书陈任中、徐鸿宝、佥事周树人、徐协真，于本月二十二日前往市政公所，会商先农坛筹设图书馆及教育品萃集所各项事宜等因，特此通知。秘书处启，九月二十二日。《鲁迅日记》这天亦记："午后云。同陈仲骞、徐森玉、徐吉轩往市政公所议公园中图书馆事。"这反映了他们工作接触之一斑。

鲁迅阅读过不少古籍善本，他对古籍版本研究的素养和见解，可从《关于三藏取经记等》、《关于〈唐三藏取经诗话〉的版本》等文中窥其梗概。徐森玉有关古籍版本研究方面的造诣，不仅在教育部内，而且在北京学术界，也是大家瞩目的行家。试看向来睥睨自得、旁若无人的胡适，每有古籍版本方面的疑难，就常就教于徐先生。北京琉璃厂书肆的老板们，对其版本学上的独具慧眼，亦都慨然叹服。藻玉堂主人王尔，素称书业版本专家，于20世纪30年代收得聊城海源阁古籍一批，其中有宋刊本《毛诗》一部，以百余元误作明刊本售予北平图书馆，为当时馆长徐森玉先生经手。后经徐先生指出非明刊本，他很后悔。从此遇到任何有怀疑的版本书，他总要请徐森玉过目。

鲁迅先生除与徐森玉在工作上有接触外，志趣上也很相投。他俩常到书肆鳞次栉比的琉璃厂浏览。徐森玉回忆道："北京琉璃厂是鲁迅常到的地方，有时他发现了较难得的书籍，便邀我一起去。也时常送一些拓片给我。在他每月的开支中，书费支出占了很大部分。他购置书籍，其目的并不在于珍藏，而是真正的读书。那时，鲁迅研究中国小说史，对于一些经济力量不能购买的书籍和难得的本子，他往往亲自整部、整部的抄录下来。"不只是碑帖，在古籍版本方面的学问，徐森玉对鲁迅也应该是有所帮助。但鲁迅日记中没记，徐森玉没记，或是他们都忘却了。

鲁迅在与徐森玉共事期间，不仅是他，教育部的许多同事，对徐森玉出掌京师图书馆所获的成绩，尤其是废寝忘食搜罗各种孤本，都留有极其深刻的印象："京师图书馆，主任是徐森玉，徐森玉是从北大图书馆调来的，他的历史知识、书本知识都很在行。他在方家胡同京师图书馆时间很长，成绩很不错，收集了很多书。"(《访问钱稻荪记录》)

2. 和周肇祥同游访古

在北京生活的早期，徐森玉还和一些朋友一起淘书、觅古、吟咏、郊游，过着优游林下的生活。初住石驸马大街内鲍家街，与好友周肇祥同住。

　　周肇祥（1880~1954年）字嵩灵，号养庵，别号退翁，美须髯，人称"周大胡子"，浙江绍兴人氏。清末举人，肄业京师大学堂，为优等生。1911年后，任四川补用道、奉天劝业道、署理盐运使、临时参政院参政、葫芦岛商埠督办。一度任湖南省长，旋辞归北京，任清史馆提调、北京古物陈列所所长，著有《宝觚楼金石目》。为了对所中古物鉴别，组成古物鉴定委员会，聘请罗振玉、李盛铎、宝熙、颜世清、郭葆昌、陈汉第、邵长光、徐森玉、容庚、马衡、陈浏、庆宽、徐宝琳、陈时利、陈承修、余昌、邵章、张伯英、梁鸿志等为委员。

　　关于徐森玉与其交往，周肇祥在《琉璃厂杂记》一书中多有记载：

　　森玉赠我所藏古钱币拓本二册，颇多异品。询其原物，壬子春多为变兵掠去，所存仅十之一二耳，相与太息（1912年）。

　　森玉赠我襄阳出土唐志拓本三种：一信州玉山县令庐则，一赵夫人夏侯氏，一试殿中监王大剑，云三志出在张氏诸志出土之后，不甚知名，拓本流传颇少。辛亥兵起，石为季雨霖所部取作灶下材，断裂不复能拓矣（1913年）。

　　冒雨乘车，与森玉遍逛王府井、东四牌楼各古董肆，于文记见父辛爵，新坑，极精，索价五百番。得一古铜左忠印。隆福寺聚修堂书铺，得高丽《东医宝鉴》、嘉庆时朱刻元郝经集。见海丰丁氏曾藏宋本《资治通鉴》，索价二千番，天壤间有数物也。又有嘉靖本《唐雅乐典》，皆贵不可得（1913年）。

　　新历九月二十日，清史馆开第一次会议毕。偕龙樵、伯弢、森玉、献之游景山。江大金吾宇澄派弁引导，循东麓行。松柏森严，蓬蒿没人，俯仰绿荫无缝，照白衣成碧色。东山腰石上一古槐，腹穿蝼蚁，半空槁，枝叶疏细，有惨悴之色。此乃明思宗烈皇帝殉国处也。旧有铁索铜锁，庚子乱后，为人解脱矣（1913年）。

　　今冬多雪，时雪时晴。腊八后二日，休沐。早起，霁色明暖，鸟声细碎。邀龙樵、森玉登陶然亭，望西山积雪，惜微雾，不甚可辨。南下洼一带，弥望皆白，车辙人迹，如画奇篆。芦花压洲，童竖凿水争取鱼。

窑台香冢，婆娑老树，作憔悴可怜之色。守僧于西轩为烧榾柮，设茶具，适餐者二人来，皆相识，围坐煮茶，食落花生，莞豆，味甘美异平时。信步至文昌阁，人拈一，所各异，扪壁解诵，一笑而散（1913年）。

新华储蓄票，三月十二日在先农坛开彩，倾城出现，车马塞途，我国人怀侥幸，于此可见。余与龙樵、森玉殊不可耐，因往访万柳堂，路过夕照寺。门外榆树，偃蹇若虬。僧房丁香盛开，东偏小院，紫藤垂荫，奇石罗列，迎春怒放如散金。尘埃不到，心境为之朗澈。出门行里许，抵拈花寺。阮芸台所题万柳堂额尚在。问寺僧查声山、翁覃溪诗迹，则云庚子之乱已失（1915年）。

元旦改元洪宪，号为新帝国之新纪元。帝制派兴高采烈，人人自居元勋。出门仰天，面有德色，不知历朝改朔，必俟天下大定，然后兴制礼乐、易服色，同其颁布以新民庶之耳目。诸公乃迫不及待，于西南发难之日，而以大典筹备处之请宣布之，可以窥其用心矣。循列贺，归已逾午。杯酒自劳，挈静香鹤侣，偕森玉及其如君同游先农坛。乃竟冷冷清清，出于意外，并卖茶者亦无之，闻已移诸中央公园矣。明年热闹又不知移向何处！我国人事事皆儿戏，可慨也（1916年）。

曲阜孔氏，清初好藏书，多善本，近为书估捆载来京出卖。抱存所得宋刻小字八经，前藏季沧苇者。森玉所得钱谦益批本通鉴，皆孔家故物（1916年）。

在那样的风云激荡年代，徐森玉完全浸浸乎古物之中，或乘车，或坐轿，或骑驴，访幽燕间的名山古寺，戒坛秀岩，未入山先见寺；潭柘幽奥，入山而不见寺。山寺中的碑刻石雕，禅院佛像，多有发现。西山大觉寺侧有鹫峰寺，为数百年旧迹，日趋颓废。徐森玉爱其高旷，为之修葺，金碧辉煌，山水顿然生色。某讼师见而垂涎欲得，夺为私人别墅。徐森玉默然，不再提及此事。

徐森玉访求文物，偶有所见，则必力图加以保护，公诸于世，使之流传，以此保护着内心的一片净土，这也许是他的生活之道。

徐森玉游历的足迹不只是在北京地区，还曾遍游天下，到处查访。北至长白山，南至黔南山区，许多名山大川都留下了他的足迹。在几十年的查访中，他还附带发现了辽代古寺、元代戏台、唐代地契、元代阿拉伯式浴池、汉代巨型碑刻，以及周代墓群、楚国木墓等无数中华瑰宝。

在游历的过程中，徐森玉还为设在故宫午门的国立历史博物馆访购到出自洛阳北邙的北魏延昌二年处士元显隽墓志并盖。此志志盖为龟状，旁具首尾、四足。墓志志文方整遒劲，形制精异，传世罕有，被时人誉为该馆镇库之宝。

3. 和罗振玉论学谈金石

徐森玉的一生是做而不述的一生，可能他追求的是"无言唯大"的

一〇　罗振玉像

人生最高境界，平生只以书信与家人、与朋友进行交流，他的学识与经历并没有以著述的形式留给后人。虽然如此，但他对别人的著述却作出了奉献。从他和罗振玉的交往中，可以看出他对罗氏不但献出自己的智慧、献出自己的收藏，而且还为其学生介绍工作（图一〇）。这从徐文堪提供的罗振玉致徐森玉的信中可见一斑。罗氏所用笺均为金石铭文影印，读之更是令人赏心悦目（图一一）。

徐森玉给罗振玉寄去石经墨本，罗氏致信感谢云：寄石经墨本，并绍介韩君，至感至谢。兹因便奉新著四册，祈惠存，聊伴空函，不足请益也。又一部乞转式之兄为荷。

信中所说韩君，可能是与徐森玉共研唯识论的韩清净。式之兄即是章钰，是版本学大家，校勘过《资治通鉴》。

　　另一封信请徐森玉再赐并代购石经墨本，以助他完成汉石经集录工作。信云：闻松村君言兄潜心竺典（即佛学），精进逾恒，至慰至慰。弟旅辽匆匆四年，无可告慰，前年撰汉石经集录，苦闻见之隘，承惠尊藏墨本，欣幸无已。闻贵馆尚有藏石，已托松村兄代拓，不知此外尚有新出者否？祈代为购觅，尤为感荷。中州闻元氏诸志又有出土者，若荷代购，并拜高谊，价请示缴（图一二）。

　　另外，还有一封信感谢徐森玉赠墓志拓本。信云：承允赐元遥夫妇两志，能便中赐下，至感；梁杨公则志尊鉴以为未确，能将墨本见赐，尤感。篆书残石，张君既云购，故弟未便出面，请函洛商购，不必提弟所购，为荷。价以四百圆为限。洛中唐志能悉数购来，弟可期五六十石。但一切有劳硕画耳。

　　1924年，溥仪出宫，罗振玉致信徐森玉，叙述当时的心情，信云：自随扈至津，即违雅教逾两月，至念至念。溯自住京半岁，百事颓废，近甫重理故纸，然方寸尚未宁谧，日益临池勘书遣日而已。洛下近出各志，苦不得一纸，尊藏能假录民，最感。

　　徐森玉除了为罗振玉提供石经墓志研究资料，还要帮助罗氏的学生找工作，帮助罗氏的朋友卖藏品，帮助推销赈灾券。

　　罗振玉曾在一封信中写道："阶兰春荽，悼惜无似，弟冬春之间连丧一儿一媳一女，何同人所遇相同如此耶？幸强作达观为荷。"（图一三）

　　在这样的悲痛中，他还为学生担保，恳请徐森玉为他的"一家数口，旅食维艰"而又"遭勒吊"的学生找工作。他的老友"西川耆宿，人伦冠冕"王雪澄，辛亥革命后"不能自存，清秘之藏，易米垂尽"，但还有一铜鼓未售，也请徐森玉与毕士博商量，并寄去照片和说明书（图一四）。

　　某年，中国遭受水灾，罗振玉发行赈灾券，请徐森玉帮忙。信云：近以哀鸿遍野，遍行文籍赈券。韩君言王铁珊京尹办赈甚力，定能代销，兹寄奉办法一纸，祈教正。并求商之王君，若直隶能全数销讫，即全充直隶义赈，弟再印二千纸，充豫浙等省之用，并求鼎力提倡。

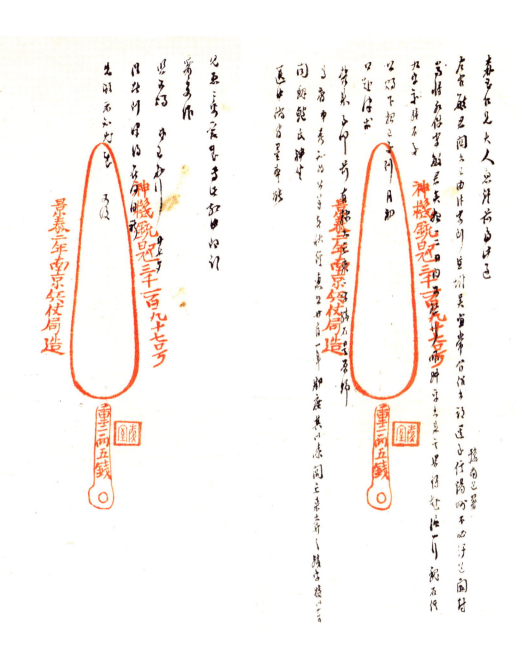

一一 罗振玉致徐森玉书信

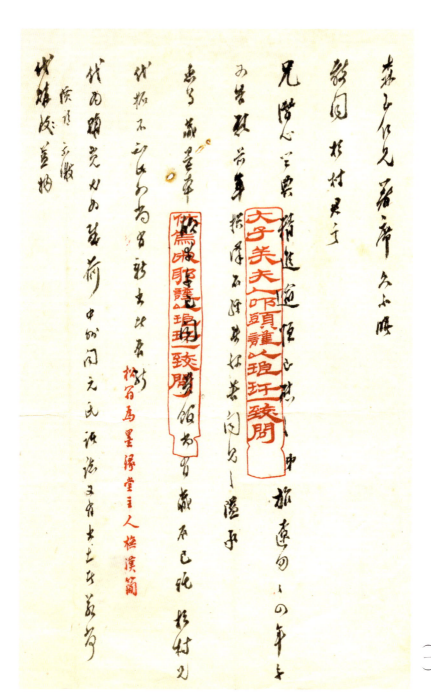

一二　罗振玉致徐森玉书信

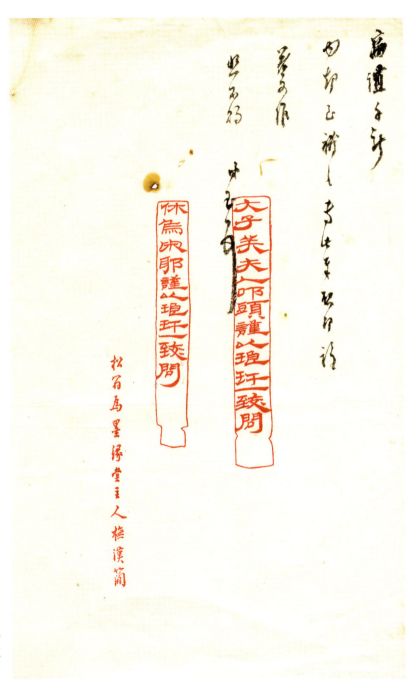

（二）

一三　罗振玉致徐森玉书信

（一）

官　畺　事　斤　十　兩

漢權字□□官畺重斤七
兩近年出土
□有鐵製者
又見斤二兩
斤十兩者漢
我權前人皆
未見故摭之
雪翁記

（三）

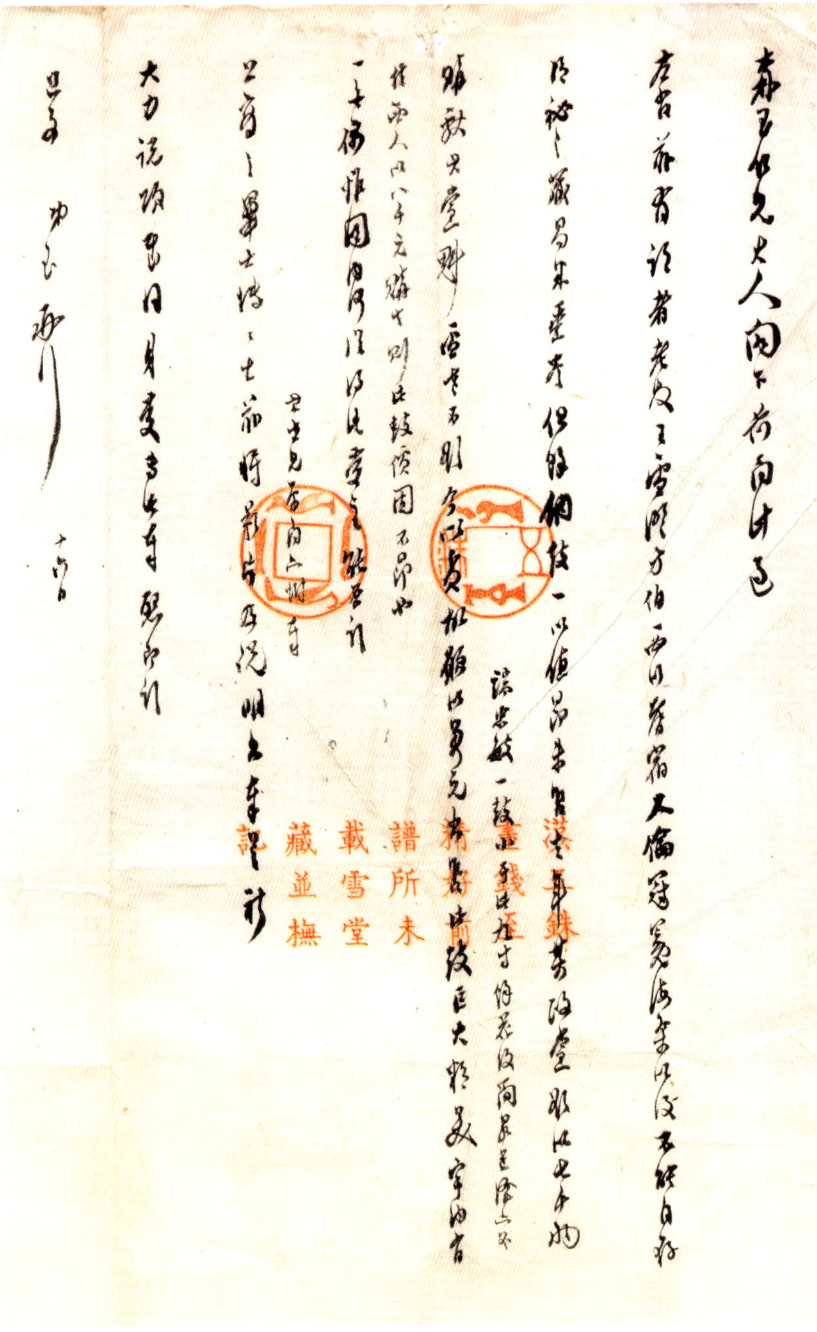

一四　罗振玉致徐森玉书信

对朋友的要求，徐森玉都报之以热忱，鼎力相助。对罗振玉，徐森玉同样是如此，这不仅从罗振玉给徐森玉的信中反映出来，在罗振玉给其他朋友的信及序跋中亦有记载，同时也流露出他对徐森玉的敬佩之情。

北京房山石经是隋静婉法师始刻，历代继续，至辽通理大师尚未完成。其愿力宏大，先后数百年。因年代久远，有的已破碎，游客有时也能捡到几片带回去。后来，有一妄人干脆开洞取石，运到北京，送给当道要人。徐森玉得知此事，遂将刻石追回，归还房山。罗振玉在记述此事时，很感叹地写道："呜呼！宇内名迹，亡于此辈者多矣，房山经石，殆琬师之灵，冥冥中为之呵护，而假手于徐君欤？"

1919年9月24日，罗振玉致王国维信也反映出徐对罗的帮助，信曰："前在京与人闲谈，言及《西清古鉴》中金文出于摹写，恨不得墨本。有徐森玉者言定，可介绍拓墨。此间拓手已固定，而前途无消息，使此事果能做到，亦一快也。"

在《〈汉熹平石经残字集录〉序》中，罗振玉写道："岁辛酉（1921年），中州既出魏正始石经，明年壬戌，与吴兴徐君鸿宝、四明马君衡约，偕至洛阳观汉太学遗址。已而，予以事不果，乃语徐君曰：'正始石经与魏《典论》并列，石经既出，《典论》或有出土者，此行幸留意'。徐君诺之。既抵洛，邮小石墨本，询为《典论》否？阅之，则汉石经《论语·尧曰篇》残字也，亟移书，请更搜寻，遂得残石十余，此汉石经传世之始。嗣乃岁有出土者，率归徐、马两君，他人所得，不及少半也。"

我国古代书籍皆出于竹木简牍，到了魏晋以后，即以缣帛或纸，都是出于抄写，伪脱自所难免。到了汉代，传经各有师承，章句颇有异同，各家之学，并立学馆。到了后汉桓、灵之际，经籍去古久远，文字多谬。至灵帝熹平四年（175年），乃召蔡邕等正定文字，刊于碑石。到光和六年（183年），前后历时九年方刻成，立于太学门外。因为这项工程始于熹平四年，故称"熹平石经"，或汉石经。

到了北魏之初，冯熙、常伯夫相继为洛州刺史，对石经废毁分用，后又几经迁徙，遂流落散失。到了20世纪初，石经残字在洛阳陆续出土，研究者也纷纷至洛寻找。前后十年间，共发现三千余字，集成《汉熹平石经残字集录》。罗振玉为之作序，马衡著有《汉石经集存》。徐森玉对汉石经残字得之较多，见解亦较深，但他不事著述，而是贡献给罗振玉或马衡。罗振玉在《嵩里遗文目录续编补遗·序》中还记："己巳（1929年）季秋，既写定《嵩里遗文目录续编》，逾月，吴兴徐君森玉（鸿宝）寄新出六朝墓志墨本数十通，其少半为巾笥所无，爰录为《补遗》，附印《续编》之后，以志徐君之佳惠。"

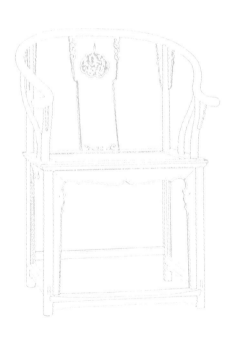

三　清室善后委员会和故宫博物院的创建

1. 溥仪出宫

辛亥革命成功，国民革命政府成立，中国最后一个封建王朝寿终正寝。民国初年，共和政府和逊清王室签订了清室优待条件，溥仪应该让出皇宫交给共和政府而迁到颐和园去。由于种种原因，这始终没有实现，溥仪仍留在宫内，关起门来当他的皇帝，同时住在宫内的还有隆裕太后及溥仪的两个庶母瑜妃和瑾妃。另外，还有他的一妻、一妾及卫兵一千二百多人（图一五）。在紫禁城内，溥仪维持着他的宣统年号，直到1924年才真正结束。在此之前，每逢旧历初一和十五，北京的清室遗老们仍然穿着满清的朝服，招摇过市，入宫去"朝觐"。

1924年10月6日，京师警卫司令鹿钟麟、京师警察总监张璧（玉衡）以及政府代表李煜瀛（石曾）前往宣布要溥仪出宫，迁往德胜桥醇王府。而溥仪的两个庶母瑜妃和瑾妃说什么也不肯搬出去，于是只好让她们留在宫内，又过了若干天后才告迁出。

溥仪出宫之时，有两件逸闻为人们津津乐道，这是亲历此次变动的人在回忆文字记载中，都要提及的。

一件事是溥仪仓皇出宫时的情况。

庄尚严在《山堂清话》中记：宣统出宫的那天，他正在屋内吃苹果，忽然有大臣进来报告，说国民政府已经派军队在外面，要他立即出宫。这件事对他而言，真是晴天的一声霹雳，便把手里的半个苹果顺手往旁一扔，慌忙去跟他的"大臣们"商议怎样来应付这件非常的大事了。

溥仪在《我的前半生》中写道：那天上午，大约九点多钟，我正在储秀宫和婉容吃着水果聊天，内务府大臣们突然跟跟跄跄地跑了进来，为首的是绍英，手里拿着一件公文，气喘吁吁地说："皇上，皇上，冯玉祥派了军队来了，还有李鸿藻的后人李石曾，说民国要

一五 溥仪等在御花园。右起依次为溥仪、润麒
（溥仪内弟）、溥杰、庄士敦

废止优待条件，拿来这个叫，叫签字……"我一下子跳了起来，刚
咬了一口的苹果就落到了地上了。

朱家溍在《中国文博名家画传·朱家溍》一书中自述：我与故
宫博物院的渊源，是从其成立之初开始的。当时我还只是十二岁的
孩子，随着父母、哥哥、姐姐去逛故宫，每张票价银元一元，当时

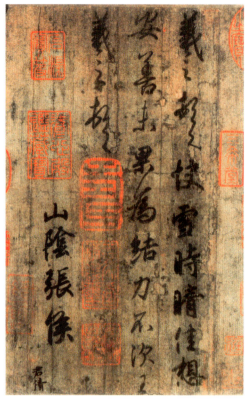

一六　晋王羲之《快雪时晴帖》

梅兰芳的戏票也是一元一张，是按颐和园票价先例定的。当时宫内还保持着溥仪出宫时原状：寝宫桌上有咬过一口的苹果，掀着盖的饼干匣子；墙上挂的月份牌，仍然是屋主走的那一天；床上被褥、枕头也像随手抓乱还没整理的样子；条案两头陈设的瓷果盘里满满的堆着干皱的木瓜、佛手；瓶花和盆花仍在原处，都已枯萎……

另一件事就是从溥仪行李中搜出王羲之的《快雪时晴帖》。

当时溥仪出宫，按政府的规定，除了私人用的东西和金银财宝外，其余的文玩古物，一概收归国有，不得携带出宫。结果从他的行李中查出一件稀世国宝，那就是赫赫有名的晋代大书家王羲之所写的《快雪时晴帖》（图一六）。国宝幸而没有流出宫外，然而当时为了这件查获的文物，却把办事人员给难住了。因为当时各宫殿已经上锁，没法随便打开把它送回去，而除此之外又无处可存，而且也不能交由私人保管。于是在万般无奈之中，临时由承办人员想出一个权宜之计，马上派人到外面买了一个大保险柜回来，由当时清室善后委员会委员长李石曾亲手把它锁在柜内，外面加贴封条，然后再把这个大保险柜存放在神武门里面的临时办公处。当时保险柜的开启号码，只有李石曾一个人知道。

庄尚严在《山堂清话》中除了记述清点文物之事外，还记了许多故宫趣闻，写了一则"九九消寒图"。这是在偏僻的小宫屋内常常可见到的，就是墙上悬挂着一幅纸板，上面横书"九九消寒图"五字，下边有九个大字，共三行，每行三字，用的是双钩字体，其文为"庭前垂柳珍重待春风"。此九个字每个字都是九画，共为八十一画。中国旧历从"冬至"后第一天算起，名曰"入九"，每九天算作一个"九"，九个九共八十一天，至那时便算"出九"了，与夏天的"三伏"遥遥相对。入九以后每过一天，宫女们便在图上填平一画，等到九个字八十一画全部填毕，时光也过了八十一天，春暖冻开，便"出九"了。距今一百年前，日历不通行，月历更没有，计算日期只有鼋历书，而此消寒图既有趣又实用，所以在宫中各处很常见。想宫女、嫔妃深锁寒宫不得外出，每当天寒地冻之时，寂寞无聊，利用此物作为消遣，心情可知。应该说，"九九消寒图"就是一首很好的"宫怨诗"。

2. 清室善后委员会

1924 年 11 月 8 日，清室善后委员会成立，是在黄郛主持的摄政内阁的命令下组织的。命令云：修正清室优待条件，业经公布施行，着国务院组织善后委员会，会同清室近支人员，协同清理公产，昭示大众，所有接收各公产，暂责成该委员会妥慎保管，俟全部结束，即将宫禁一律开放，备充国立图书馆、博物馆等项之用，藉彰文化，而垂久远，此令。

同时，公布了办理清室善后委员会组织条例。

1924 年 11 月 20 日，清室善后委员会正式成立，李石曾就任委员长之职，委员有蔡元培（蒋梦麟代）、汪兆铭（易培基代）、鹿钟麟、张璧、范源濂、陈垣、俞同奎、沈兼士、葛文，清室代表为绍英、载润、耆龄、宝熙、罗振玉。监察员，除内务部规定京师警察厅、高等检察厅、北京教育会各推定监察员一人外，特聘吴敬恒、张继、庄蕴宽三人。

徐森玉以教育部佥事，参加清室善后委员会工作。

清室善后委员会成立后第一件要做的事情就是对清宫文物进行

清点。如何清点，当时讨论认为，清点的范围，应不限于所谓文物，或有金钱价值之物。凡是宫中一切物品，不论有任何价值，都要一一清点，而且要登记。清室既无账册移交，只有会中点编清册之后，才能对社会、对政府有所交待。当时参加清点的庄尚严在《山堂清话》中写道：这种态度是光明的，目的是正确的，所订的办法是详细的，计划是周密的，人手是充裕的，应该毫无问题，大可顺利进行了。可惜当时清宫残余势力仍很强大，虽然被迫出宫，并不甘心，依然时刻想卷土重来。在未能返回故居之前，自然拼命反对点查，想尽方法从中作梗，从旁施加压力。但是会中同人，有眼光、有毅力，百折不回，非达到目的不可，终于得到社会与政府当局的同情，才能过此关。

庄尚严说的清宫残余势力反对点查，有这几方面的情况。一是黄郛已经下台，由段祺瑞担任内阁总理，入主国政。陈宝琛暗中活动，利用段祺瑞的不无故主观念。段果为所动，支持清室，使清室气焰复炽，提出修正清室优待条件，反对清点。二是庄士敦出面活动，请外国干涉。三是造谣说冯玉祥盗取清宫宝物，由大队骆驼捆载而去。而实际上，在整个事件过程中，冯玉祥一次也未入清宫。再就是说张璧入宫见溥仪时，溥仪的帽子上有绝大珍珠一粒，价值连城，因无意中以自己的帽子盖上，出门时并两帽戴之而去，溥仪不敢问，此珠遂在天津出售，得价若干云云。清室借段氏之力抵制无效，耆英、宝熙即出面斡旋，事情才告平息，使清点工作顺利进行。

3. "天"字第一号文物

为了便于点查工作，便于统一指挥，清室善后委员会下成立了点查事务室。点查事务室的工作是分配点查地点，点查应用物品及簿册，保管一切点查记录，编印点查报表，同时也参加点查工作。办事地址最初是在神武门内左边小屋，不久之后，因工作繁重，地方狭小，移到隆宗门内的原军机处，后又扩充到对面"军机章京"房内。某日，徐森玉参加的点检组成员包括：

点检组长陈去病。下设执行部，又有专项分工。

查报文物名目：徐鸿宝、马衡

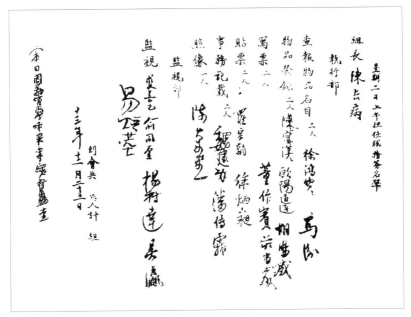

一七　清室善后委员会点查清宫物品分组名单

物品登录：陈宗汉、欧阳易达

写票：董作宾、庄尚严

点票：罗生翰、徐炳昶

事务记载：魏建功、沈传霖

照像：陈万里

另有监视部，参加者有裴善乙、俞国堂、杨树达、吴瀛、易培基等（图一七）。

点查清宫文物，每天都要到清宫去上班，他们叫"出组"。这也就成了以后故宫博物院的成立，将"点查"文物叫"出组"。点查开始日期是 1924 年 12 月 23 日上午。庄尚严在《山堂清话》中写道：最初清点时，正是隆冬腊月，那时北平天气均在零度以下，宫殿房屋大，既无人住，又无烟火，更觉得特别寒冷。每次入组，笔墨全都冻僵，双手发硬，耳鼻两足发麻，书写时真是一边呵气，一边书写，正合古人所谓"呵冻"。但是工作人员非常兴奋，毫不觉苦。尤其是担任组长监视数人，全是尽义务而来，忍饥忍冷，反而乐此不疲，大概都是抱着一种心理，想要知道，看看皇家生活，皇宫以内，究竟是怎样，因而给予人们最大的鼓励。

那志良在《典守故宫国宝七十年》一书中也写道：早晨到会后，先到点查事务室看看，看到一张组单上有我的姓名，是第二组，地点是斋宫。我在那里等到人员到齐之后，抽签决定了组长与监视之后，由组长开单领取钥匙，一同进去。同去的人，除了上述的人外，还有一位国民革命军的士兵，一位警察，他们也是做监视工作的。到了斋宫，组长验明封锁没有问题，开启入内。工友把点查记录本和笔墨送给我，我打开看时，墨盒里的墨、毛笔的笔尖，通通冻成冰块。我把毛笔笔尖含在口中，用时拿出来在墨盒里摩擦几下，笔上有一点墨痕，赶快就写，写在簿子上的字色淡极了。这一天，我没有做多少事，都觉得很疲倦，身上也觉得很不舒服。

宫内千门万户，点查每一处所，统以千字文中一个字，作为此处的编号。譬如最初第一组查的是乾清宫，就将凡此处所有物品皆编为"天"字号，第二组查的坤宁宫，就将坤宁宫物品编为"地"字号。点检的天字第一号物品，不是周鼎商彝，不是晋唐法书，宋元名画，更不是瓷器中的历朝名窑，而是二层木踏凳。亲临点查的庄尚严很幽默地写道：因为首先查的是乾清宫，乾清宫列为天字第一号，按照点查次序，入门顺序开始。当时进入殿门，首先触目的应当查点者即是此物，所以将它高高列入天字第一号记录中。所不同者，一般习惯，凡是认作天字第一号的物品，一定是上上之品。而此二层木踏凳，侥幸是在宫内天字的宫中，又是开头第一，运气所关，无法可免了。

点检将近一年的时间，清室善后委员会即开始从事博物院的筹备。当时北方时局动荡不安，委员会自身时时受到政局的影响，一个临时机构，不足以应付当时的政治局面。这也是主持委员会的诸公要急急成立博物院的最大原因之一。

徐森玉随后又参加了故宫博物院的创建事业。

4. 故宫博物院的创建

李石曾提议设故宫博物院。1925年10月10日，在清室善后委

一八　李煜瀛所书"故宫博物院"匾额

员会的基础上，组建故宫博物院，神武门的匾额由李石曾书写。旧
时写匾，多为善书而又能写大字的人操刀。李石曾写颜字，可谓既
善书兼能写大字，故"故宫博物院"的匾额非他莫属。当年在故宫
文书科内，粘连丈余的黄毛边纸铺在地上，后来曾任故宫博物院副
院长的单士元，当时捧砚在侧。李石曾用大抓笔半跪着书写了"故
宫博物院"五个大字。功力浑厚的颜体字，大气磅礴，浑厚端庄。在
故宫博物院成立的隆重庆典大会上，这五个大字被庄重地镶嵌在原
故宫北门神武门的红墙上（图一八）。1949年以后，榜书则用郭沫若
的书法代替了。李石曾在《刘中使帖》的题跋中曾谈及此事，曰："吾
邑王氏父子晓云、弼臣两先生，收藏颜字帖，既富且精，此册为其
冠。吾从弼臣先生学书，稍具外表，学力不能及其什百。虽然，弼

臣书三殿门匾额，若干年后，吾为颜体楷书故宫博物院匾额，先后相提并论，当时《社会日报》误认吾字为钩自颜家庙碑，益增吾愧，亦见后人于书法，较前人忽略多多矣。"故宫三殿门额均为王法良书，知者甚少。古人正式匾额，书者多不署名于上，其例不胜枚举，如北京"六必居"为严嵩手书，"天下第一关"为明时当地人萧显所书，均未署名。今人写匾题字者风靡市井，字虽不成形，仍然把自己的名字写得大大的，显赫一时。和前人相比，自当羞愧。

徐森玉亦以清室善后委员会委员的身份，进入故宫博物院，仍然主持古物的清点工作。

徐森玉的追随者庄尚严也参加了清点工作。庄氏在《山堂清话》中记载："点查人员在景阳宫与钟粹宫里发现了不少大木箱，箱内装满历代的书画。"这些书画"根据《石渠宝笈》的著录，都应该是分属于乾清宫、重华宫和其他各殿，而不应该在景阳宫和钟粹宫的"。

这个疑团到后来在养心殿发现"赏溥杰单"和"收到单"各一束，方才解开。两单内容大致相符，总计"赏溥杰"的历代名迹在一千件以上，集中在景阳、钟粹两宫的，正是待赏之件。此外，在懋勤殿后小厨房中，发现极名贵的巨迹，计有卢鸿《草堂十志图》、赵孟𫖯《鹊华秋色图》、怀素《自叙帖》、颜真卿《祭侄文稿》等。

1927年4月，蒋介石国民政府在南京成立。1928年6月28日，易培基以农矿部长负责接收故宫博物院。易培基此时不能北上，来第一封电报，要马叔平、沈兼士、俞星枢、萧瑜四人代办接收事宜。第二封电报加了吴瀛（景洲）。故宫博物院管理委员方面由恽恭孚、许季苾、傅沅叔三人到场，办理交接手续。10月5日，故宫博物院成立理事会，李石曾为理事长，易培基为院长兼古物馆馆长，马衡任副馆长，张继为文献馆馆长，江叔海为图书馆馆长，李玄伯为秘书长。徐森玉被聘为专门委员会委员。上虞经亨颐竟提出"废除故宫博物院，分别拍卖或移置故宫一切物品"一案。其具体理由是：一，故宫博物院名称不通；二，研究皇帝所用的事物，是预备哪个将来做皇帝；三，图书、文献非博物馆所应有；四，逆产应当拍卖；五，博物馆难免黑幕，以赝充珍，保管成了保完。接收故宫五人小组的马衡、俞同奎、吴瀛、沈兼士、萧瑜等人大哗，吴稚晖、蔡元培、张继、李石曾、徐森玉等据理力争，提出意见书给国民党"中央政治会议"，一一驳斥了经亨颐的五项理由。这样，故宫博物院才得以保存下来。1929年3月，大学院院长易培基任故宫博物院院长兼古物馆馆长，马衡为副馆长。

5. 文物维护会与孙殿英东陵盗宝案

1928年，徐森玉担任文物维护委员会顾问及东陵盗墓案审查委员会委员，与常惠（人称之为常三爷）一起率队对东陵破坏情况进行勘查。

有关古物保管会的事，今天已无法再说清楚了。笔者最早看到刘半农在《北旧》一文中提到此事，是从孙殿英盗发东陵的事说起的："即如去年的东陵案，当时文物维护会与古物保管会两方，也卖过不少的气力，闹了不久，也没有看见个水落石出。"又"美国安得思，他从内蒙古挖了八九十箱东西运回北平，打算从北平运往天津出口，都被文物维护会和古物保管会查到了。……结果把他那八九十个大箱子一起打开，请专家检查，该扣留的扣留，该发还的发还；同时还订了一个协定，由他承认：此后如再往内蒙一带发掘，不得自由行动，须先与中国学术团体接洽，双方订立办法，经中国政府批准后方可实行"。

后来读到台静农《记"文物维护会"与"圆台印社"——兼怀庄慕陵先生二三事》，对此说得较为详细："文物维护会发起的动机非常单纯，当民国十七年（1928年）北伐克复济南后，接着北京的奉军即将退却，那时既没有前后任的交代接收，更没有所谓受降仪式，仓猝之际，怕北京文物遭受毁坏，因而有这一组织。委员有沈兼士、陈援庵、马叔平、刘半农、徐森玉、周养庵诸先生，年轻人参与的有常维钧（惠）、庄慕陵（尚严）及我，沈、陈、刘、马四位都是北京大学研究所国学门导师，国学门在北大三院工字楼，北京文物维护会就设在这里，维护会的大木牌也挂在三院大门前。"

"这一应时而生的文物维护会，开始工作十分紧张，除每日开会讨论如何进行以外，便是分区与警察方面接洽，半农先生与我曾访问过好几处警察分局，告诉他们的管辖地有哪些古迹，请他们随时加意保护。可喜的是，他们不仅非常赞同我们的建议，愿与我们联系合作，甚至感慨地说，连年战乱有某些古迹古物都不知不觉地被毁坏被盗走了"。

孙殿英盗墓的消息传到北京，文物维护会最先知道，立刻开会推举徐森玉先生通知清室旧臣宝熙，后来则由徐森玉与常维钧会同清室大员前往查看。

会偶有闲散的时候，听老辈聊天，也很有趣。援庵师深刻风趣；兼士师爽朗激昂；叔平师从容不迫若有"齐气"；半农师快人快马，口无遮拦；森玉先生气象冲和，喜说掌故；养庵先生白皙疏髯，擅书画，水竹村人时代，做过高官，是北京文化绅士。一天大家谈到汉魏石经残石，北京的收藏者有好几家，慕陵听了，大感兴趣，自告奋勇，醵资集拓，以供研究者的方便。

庄尚严给台静农留下的印象是"清瘦白皙，西装怀表，个子不高，走路颇疾，看似纨绔，却不儇薄，年少而有长者气"。

对东陵的查看，徐森玉没有留下文字，还是在贵州安顺华岩洞时，据庄尚严、傅振伦回忆留下这样两段话。

徐老说："清代东陵在遵化县马兰峪，有顺治孝陵、康熙景陵、乾隆裕陵、咸丰定陵、同治慧陵五陵，还有后妃陵、公主坟十座。相传孝陵因帝出家而无尸体。雍正帝死于非命，葬易州，西陵泰陵而无头。东陵以乾隆裕陵及慈禧太后陵蔚为华丽壮观，埋葬不少珍宝。1928年，国民党军官孙殿英利欲熏心，发动武装盗掘这两墓，炸开了宝城地宫的石门，洗劫了宝藏，闹得尸体狼藉，殿垣倾圮。事发后国民政府组织有清代宗室宝熙、耆龄等参加的东陵盗案调查委员会。我们到达了马兰峪，首先看到了守护陵寝的清代宗室，他们在三条腿的方桌上摆上供品，衣冠不整地向乾隆、慈禧神主行了三拜九叩大礼，就引领我们视察劫后情况。只见雕漆描金棺前，抛置乾隆尸体、残白胡子，傍横卧两妃尸体，尸体都发白毛了。进了孝陵西侧定东陵慈禧地宫，有蝙蝠飞翔，横陈的尸体保存完好，容貌如生，旁边还有一具宫女的尸体，皮肉也长了白毛。慈禧养长指甲，小指戴的银挖耳弯也不见了，维钧（常惠）把她的长指甲送到北大考古协会了。……"

徐老接着说："我们访问了村民老乡，一家说道：'出事的头两天，下了大雨，冰雹交加，雹大如拳。雨后全村听到忽有大批人马从东向西南跑去，还有妇女啼号，怪叫之声。过了两天，驻马兰峪的部队戒严，持枪禁止行人来往，不久听到大炮轰击之声，经过好几天，部队'老总'虽然解严，可是好久好久，村民谁也不敢出门，后来才知道出了乱子。'说完，仍余悸不息。"

徐森玉谈孙殿英盗宝案时在1939年，故宫文物迁到贵州安顺华严洞，庄尚严、傅振伦欲听徐森玉谈金石、碑帖、版本之学，一人提问，一人记录。同时，徐森玉还详谈了游历见闻，如古迹名胜及社会风情，名人轶事。傅振伦说：这份记录不啻阿拉伯《一千零一夜》。这里所记的则是一则故事。庄尚严本来准备将徐森玉的谈话整理成书，奈因他押运故宫文物赴台，这部记录没有带走，不知流散在何处。

6. 历史的见证

1985年，故宫博物院成立六十周年纪念时，朱家溍写了《徐森玉与故宫》一文，把徐森玉与故宫博物院的因缘及贡献勾画出来了，可作历史的见证："今年十月十日是故宫博物院成立六十周年纪念，在筹备庆祝活动的日子里，我回忆起徐鸿宝先生。徐先生字森玉，清末新制增设学部（即教育部），先生在学部任职，兼管京师图书馆。一九一二年以后仍在图书馆。一九二五年故宫博物院成立，先生和当时学术界许多人一起义务劳动参加物品点查工作，是故宫博物院的开创人之一。一九二八年故宫改组，先生被聘为专门委员。马衡先生任故宫博物院院长，先生任古物馆馆长，一直到一九五〇年。以后，任上海市文物管理委员会主任委员，上海博物馆馆长，才离开故宫古物馆的职务。任古物馆长时也兼任国立北平图书馆的工作。多少年来不仅给图书馆收集了许许多多宋椠明钞善本图书，还培育了很多研究版本的人材，赵万里就是其中成就最大的。"

"抗日战争胜利后，我开始到故宫博物院古物馆工作，徐先生还正在馆长的任内。不过，我和徐先生的关系不自此始，我的父亲和他是至好的朋友，我称徐先生为老伯。徐老伯的学问是非常渊博的，金石图书碑帖字画无所不通，并且不辞辛苦的访古搜求，足迹遍海内。当我幼年时，徐老伯每到我家在我父亲的书房聊天，有时长谈不已，在我家吃午饭。他已经多年吃长斋，住在'三时学会'，是个虔诚的居士，当时我的祖母每天上午吃素，所以总有素菜来款待他。他常常赞美：'你家的素菜是工精料实、可以解馋的素菜，和素菜馆不可同日而语。'他在馆长任内，逢年过节总要在泰丰楼请馆内同事吃饭。泰丰楼的菜是样样可口的，大家都酒足饭饱，而主人只吃炒鸡蛋，家常饼。一九四六年徐老伯在上海，发现杭州王氏在上海出售家藏书中有宋本《四明志》的七、八两卷，他写信来说：'记得故宫藏书宋本《四明志》即缺此两卷'，当即购买到手带到北京，使这部书散而复聚。按故宫所藏南宋宝庆刊本《四明志》，宝庆三年知庆元府胡榘主修，绍定元年罗浚编成，刻板两年，此书增补到成印年代即咸淳八年。宋刊宋印的地方志传世已很少，又是宁波地方最古、最完备的志书。《天禄琳琅续编》著录，每册钤'天禄继鉴'、'乾隆御览之宝'、'八徵耄念之宝'诸玺。原贮昭仁殿，同治十二年昭仁殿《天禄琳琅》藏书有一部分交武英殿修书处修理重装，包括此书在内。光绪二十七年武英殿火灾，有些书流失在外。故宫博物院成立之始，在工作中即发现宋刊本《四明志》缺七、八两卷，徐老伯对于故宫藏品的熟悉和关切，于此可见。一九五○年以后，他虽然离开故宫古物馆，但仍随时留意征集。一九五六年，应故宫博物院吴仲超院长的邀请，来故宫参加青铜器和书画鉴定会，一如既往地关心故宫和北京图书馆的采访工作。徐老伯的儿子徐伯郊，我称他为徐大哥，这位徐大哥也是金石图书碑帖字画无所不通的鉴赏家。他曾为故宫博物院搜集许多件《石渠宝笈》著录的已佚书画。"

　　故宫在1925年10月10日成为博物院，因此每年的10月10日是成立纪念日。1933年院庆时要出版《故宫周刊双十号·宋四家真迹》书法。出版这本特刊时，徐森玉来到朱家，请朱翼盦题签。徐、朱是朋友，又是故宫同事，朱翼盦当然就答应了。徐森玉临走时还不大放心，又特地单独嘱咐朱家溍："这个特刊已经印刷，只等封面题签了，我不好跟你爸爸限日期，你给我做个内应，提醒他快点写，将来出版，除去专门委员会一本之外，我再送你一本，好不好？"朱家溍说："行啊！我还希望徐老伯再给我一本黄山谷的《松风阁》，一本赵子昂的《鹊华秋色图》卷，都要高丽纸印的。"徐森玉满口答应。

次日一清早，朱家溍就把墨磨好，请他父亲写字。下午就送到古物馆交给徐森玉，徐森玉立刻命管理刊物的冯华取来朱家溍要的两本刊物。朱家溍得到刊物，自然是很高兴，直到晚年他还记着这件事。

朱家溍的长兄朱家济此时已是故宫博物院的鉴定家，他知识广博，项元汴题为宋代朱锐画的《赤壁图》卷，经他研究发现乃金人武元直所绘。

《赤壁图》卷画苏东坡泛舟夜游赤壁的景色，画上无款，亦无印记，一向认为是北宋画家朱锐的精品之作。因卷前有明人嘉兴项子京天籁阁的一条题签："宋迪功郎朱锐画赤壁赋图赵闲闲追和坡仙词韵真迹神品，檇李项元汴珍秘。其值一百五十金。"写明出自朱锐手笔。金人赵秉文书和赤壁词，亦不言画者为谁。因之到了清代编《石渠宝笈》之时，也就相沿未改。至1937年春，教育部举办第二次全国美术展览时，故宫博物院选定此画，朱家济（豫卿）偶在元遗山集中见题赵闲闲书赤壁词，末云："赤壁图武元直所画，门生元某谨书"。始知此图的真正作者为武元直。元直亦金人，明昌中名士，以时以地皆无不合。

在这里顺便谈谈苏东坡与赤壁的关系。古时以赤壁为地名的共有四处。一是在湖北嘉鱼东北，地当长江南岸，石山隆起，形如长垣，陡入江中，上镌赤壁二字，周瑜破曹军于此；二在湖北黄冈城外，一名赤鼻矶，苏东坡往游之处；三在湖北武昌东南七十里，又名赤矶；四在湖北汉阳三屯口。苏东坡于宋元丰三年（1080年）二月谪官到了黄州，任黄州团练副使，五年春筑屋以居，号曰"雪堂"，屋成于大雪之中，因图雪景于四壁，自书"东坡雪堂"于堂上，自是又号东坡居士。东坡前赋中有云："客有吹洞箫者……"，这位音乐家姓氏为何，赋中未曾言及。经学者考证，知此人乃杨进昌，绵竹道士，字子京，与东坡有同乡之谊。但图中三人，无人手执洞箫，也不见吹奏者。由此想见，图必意想为之，并不完全符合实际。

四　故宫文物南迁

1."沪上寓公"

1931年，日本在我国东北发动"九一八事变"。1932年3月，溥仪伪满州国成立。日本关东军不但控制了东北，并且开始延伸向内蒙古，华北局势不稳。

南京国民政府命黄郛到北平组织行政院驻北平政务院整理委员会，何应钦也到北平设立军事委员会分会，文武两个军政最高机关，都在中南海办公。

于是故宫博物院为了古代文物安全，也策划了南迁建议。先是确定迁往西安，在那里设个分院。故宫博物院秘书长李宗侗（玄伯）去南京，任务是筹备古物南迁。那时宋子文代理行政院长，李去请示，迁移地点改在上海。宋子文是洋派，认为上海有欧美租界，日本不至于对欧美开战，应该最安全。古物南迁而且又是迁往上海，引起了争论。当时有人反对南迁，怕古物一旦离开故都，北方人心涣散，特别是要迁往上海，更遭反对。石瑛就说：从前有人主张迁东交民巷，我们因为东交民巷是租界，所以反对；现在若迁上海，上海也是租界，这是很简单的，我们也不愿意。主张南迁的理由也很光明正大，文物如被损毁，将无法弥补，等于抛弃数千年文化结晶，将对历史无从交待。文物将要启运时，以周养庵为代表的反对古物南迁派，便起来图谋阻止，在太和门聚众演讲，后被警察局拘禁，等文物运走后才释放。

1933年2月6日，故宫博物院第一批古物南迁，负责押运的是吴瀛，密定路线是由平汉路转陇海路再回津浦路，到了浦口，由刘鸿生帮助，派大轮，专载文物，沿长江顺流而下抵上海，藏于法租界四川南路天主堂的大藏库内。

在这期间，发生了所谓"易培基盗宝"案。易培基辞职，马衡升为院长，徐森玉为副院长。由于"盗宝案"的发生，再加上古物南迁时登记册上记录极为简单，在上海古物进行交接时，马衡提出要逐件点收。在点收时，用"沪上寓公"分编各馆带出的箱件。凡是古物馆的箱件一律编"沪"字，图书馆用"上"字，文献馆用"寓"字，秘书处用"公"字。这是马衡起的名字。

杭立武在《中华文物播迁记》一书中也提起这件事。他说：文物运到上海后，适逢故宫博物院更换院长，原任院长易培基辞职，改由马衡先生继任。马院长古物南运，仓促装箱，事后曾根据经手人的记载，造缮清册，难免发生错误，而且所造清册只有品名及件数，记载不详，决定趁交接机会，逐一开箱，除了点查件数有无错误外，并详细记载。例如一幅画，要记载它的质地、尺寸、著录题跋等。这便成为驻沪办事处的主要工作。"沪上寓公"在上海停留了三年，1936 年才迁往南京。

《故宫博物院史》亦记载：1936 年 8 月，南京新建库房完成了。这是一个三层楼的建筑，钢筋水泥建造，全部空气调节。库后小山之下，还开凿山洞，修建一个库房。库房面积很大，这一万九千多箱文物可以完全容纳。这一年的 12 月间，便把全部文物从上海运到南京，南京分院也就成立了。

2. "易培基盗宝"案

据那志良回忆，故宫里有不少没有用的东西，例如茶叶，在七间大殿里，堆得满满的，故宫已拟定了出售计划。另外，布匹、绸缎很多，当时也决定出售。因没有人整匹买，就由理事会自行在理事会零售，规定出售日期是星期日。

有一天，不是星期日，理事张继的夫人陪几个朋友到故宫参观，剪票的人向她要票，她说，我是理事张继的夫人。剪票的人说，我不认识你，你到秘书处找人陪你来吧。

张夫人一气不参观了，顺路散步往理事会走。一进大门，看到有人在那里买布，其中也有秘书长李宗侗（图一九）。李宗侗是易培基的女婿。李宗侗看到张夫人，吓得由后门跑了。张夫人进去便问，今天不是星期日，为什么你有特权在今天买布？我非检举不行。里面的人说，今天是整理，不是出卖。张夫人不听，气哼哼地走了。

华翰敬审

安抵旧京兴居康胜不胜院隶中患外疝医疗未
净上月中旬右臂又生疡眠食竟度腰痛渐后
慰堂兄邀入京宝孤文物展览行踪不慎映伤右膝
九日返沪休养数日尚未完全复原
尊藏金文墨本让平馆中两次向宇和兄询问均
云如宝荃霞罗已抱六旬来平
先生可与面洽　张彦生所作之价实不昂包此间来青
闻有宋书棚本举贤出集六卅实绝世珍本来竹
坨政弄月书　价七千万有力者皆袖手不闻未知何故
宇和兄对　尊藏墨本可作犹豫当更无购此书之框
其实已　告斐云兄恳恩之
台从何时南返企仰无似叙此叮请
斐云先生　均此致候
旭生先生
　　　　　　徐鸿宝 手
二月十五日

一九　徐森玉致李宗侗信，商谈出让文物一事

最初，只是检举处分故宫物品有舞弊嫌疑。文物南迁时，变成了"易培基盗宝"案。易培基因此辞去院长职务，马衡接任院长，徐森玉由古物馆馆长补为副院长。

"易培基盗宝"案实是故宫博物院派系斗争的结果。故宫文物南迁时，迁移费总共六十万元，张继作为文献馆馆长，要从南迁经费中提取两万，由文献馆自己支配，遭到李宗侗的反对，引起张继的不满。爆发时，买布就成了导火线。李宗侗是易培基的女婿，故宫博物院的秘书长。"易培基盗宝"案闹得很大，检察院、法院都介入了（图二〇）。法院判定时有一个逻辑推理：要检查故宫的藏品中有

此文為易案而作時在民國廿五年南京地方法院傳易寅邨不到因以
重金雇用諸鑑畫家黃賓虹審查故宮書畫及其他古物凡涉疑似者
皆封存之法院發言人且作武斷之語曰帝王家的藏不淨有贗品有則
此為易培基盜換無疑蓋硯以章滇有三字為鈞庫裁判之章本之余
於廿三年秋被命繼任院事時鑑寶案轟動全國黑白混淆一若故宮
中人無一非穿窬之流者余生平愛惜羽毛豈肯投入旋渦但廉鮮不
樓乃提出辭任法閒黃賓虹鑑別顢頇有絕無問題之精品亦被封存
清前後責任法閒黃賓虹鑑別顢頇有絕無問題之精品亦被畫
者亦為章此以文以底商務印書館之徽聖年(廿六年)教育部召開
全國美術展覽會越故宮參加故宮不便與法院作正面之衝突乃將
被封存者的列教件請教育部要求法院啟封公開陳列於是法
院大窖始悟為黃所誤蓋青其複審回是渾免禁錮者亦有數
召件之多時此文甫發表載之興有力歟

著者附識 一九五〇年一月

二〇　1950年，马衡为"易培基盗宝"案写的声辩手迹

没有假的，如果有假的，就是易培基用"调包计"拿走了。法院不请文物鉴定专家鉴定，而请了画家黄宾虹看，结果许多真的被说成假的。

"易培基盗宝"案牵涉到许多人，吴景洲就是被牵涉的人之一。吴景洲在《故宫盗宝案真相》一文中写道：法院给吴景洲发了传票，徐森玉给他出主意，要他暂避到天津去，不要出庭。有一天，法院找到故宫，要见吴景洲，徐森玉出面接待。晚上，吴景洲也不敢回家，就住到徐森玉的住地三时学会去。易培基的策略是坚决不去法庭，怕受法院的侮辱，吃眼前亏。李宗侗则主张坚决避免出庭。在三时学会，徐森玉给检察长祁谨打电话，探听他们的态度。祁谨在电话中告诉徐森玉："这桩事相当严重，案由看来并不重要。但是前案我们办得不力，得罪了最高法院，若是吴先生再走了，可了不得。你千万不要告诉他。"其实，吴景洲就在电话旁边。吴景洲听了徐森玉的话，还是避开了。

六十年之后，朱家溍说：所谓"易培基盗宝"案，本是莫须有的冤案，法院封存物品，实际是不同派系的暗斗。1949年，朱家溍把封了的箱子打开，从中也发现了几件书画珍品，如宋徽宗的《听琴图》、马麟的《层叠冰绡图》。朱家溍说："不仅真，而且都是珍品，也被当作假东西封存起来。"

3. 八十箱文物精品疏散西南

1937年7月7日，日本军队突然炮轰北平附近的卢沟桥，向我挑衅。这就是历史上的"七七事变"，又叫"卢沟桥事变"。一个月之后，在8月13日，日本又在上海发动事变，并派军队向我进攻，全国人民同仇敌忾，于是抗日之战开始了。

南京距上海仅300余公里，日军蓄意侵略，故宫博物院当即决定先将一部分重要文物运离南京，视时局情形如何，再作打算。文物中，运往伦敦展品八十箱，是从南迁文物中选挑的精品，自应首先考虑运走。除去上述出国展品外，还有很多重要物品，当时是不愿选送出国参加展览的，例如铜器中的散氏盘，书画中的王羲之《快雪时晴帖》等，均散存库内其他箱件中。

8月14日，这八十箱文物精品由南京装船运往武汉。随船押运的有庄尚严、那志良、曾湛瑶。徐森玉亦随这批文物上船西去（图二一至二三）。行前，马叙伦有两诗相赠：

二一　1937年，故宫文物南迁时装运文物现场之一

二二　装运文物现场之二

二三　文物南迁车队行进在川陕公路上

东西南北徐森玉，头白豪情意未衰。
此去峨嵋重揽胜，神灯为我摘归来。

歌哭相将踞海隅，招神曾共话神巫。
今朝分手谁为语，独立苍茫捋短须。

这批文物精品沿长江水路到了汉口，又乘火车转运到长沙，由庄尚严留守保管。不久，日本飞机又来轰炸，徐森玉赶快带着文物离开长沙，前往贵州。没有时间选择，只好先到贵阳再说。徐森玉以故宫博物院的名义打一个电报给国民党军事委员会西南行营主任吴鼎昌，请他协助。文物运到贵阳正是1938年春节，文物就放在吴鼎昌的行营里。后来，故宫博物院办事处设在贵阳灵光路，庄尚严任主任。

第一批八十箱文物精品运走之后，接着又是第二批、第三批，分别由火车经陕西宝鸡运往成都，再由长江水路运往重庆。

1937年11月5日，日军在金山卫全公亭登陆，14日国民党军队退出嘉兴，杭州秩序大乱。当时中央、中国、交通、农民四银行，剩下银元三四百万元，皆无人看管，当时任浙江省主席的朱家骅严令四行负责人回杭州料理，调动车辆，并派警察搬运。据蒋复璁在《珍帚斋文集》中记载，鉴于杭州这种情形，朱家骅因而想及存在朝天宫的故宫博物院文物，可能无人照顾，于是电告蒋介石。蒋介石即令侍从室调集卡车，并令俞飞鹏预备轮船，分水陆二路将文物运往贵州安顺及四川乐山、峨嵋三处。吴景洲在《故宫盗宝案真相》一书中亦有记载：1937年，战争烽火转瞬由华北进入东南。马叔平8月间由南京带了一部分从英国展览回来的二等古物逃往长沙。张岳军说，他最后逃出南京时，到故宫的南京库房看了一下，岂有此理，什么也没有动，马衡早已走了，只有一个王科长还在，我策动了所有的交通工具，连蒋先生的汽车都用上了，才运出一万多箱，剩下的已经来不及再搬（张岳军的话可能有些夸大，马衡没有把文物全部运走，这是有可能的，说才运走一万多箱，有多大的可靠性，令人生疑）。

吴景洲接着写道：蒋介石听说此事，勃然大怒，要撤马衡。王世杰对蒋说，故宫事情太复杂，还有易某的案子不清楚，现在再换生手，将来更不好办，不如留着马衡等待最后胜利再说。这样就搁下来了。但是，他们到了重庆，却告诉人说，除文献馆剩下少许片纸外，其余全部搬来了。

4. 别有洞天的华严洞

1938年10月，日本飞机屡犯贵阳，国民政府行政院令故宫博物院保存在贵阳的古物，寻找洞窟存放，以策安全。贵州省政府派一名秘书协办。徐森玉请示马衡，委派朱家济、傅振伦和曾济时一同四处寻找洞窟。据傅振伦在《蒲梢沧桑》一书中记载：先至南岳山云鹤洞，是驻军处，旁有阵亡将士墓。次至簸箕洞，由南口入，多钟乳石，色形陆离怪状，再入有一线天，上有孔可透日光。洞皆深邃潮湿。再至大川洞（一名红岩板），洞大且深，执火把而入。由石上匍匐而前，钟乳多怪状，行数里深不可测，由原路折回。贵阳周围的山洞数量多而且潮湿，不宜古物保存。直到1939年1月，贵州省政府才介绍去安顺华严洞。

华严洞口有天帝庙，建于南明永历年间。清乾隆二年（1737年）重建，道光十年（1830年）又修。咸丰元年（1851年），禅一和尚七秩立"鹫岭频开"匾额。1938年，里人七十老人刘巩圆撰联。前木构为厅，有乾隆五十六年（1791年）癸丑三月洪亮吉"读书山"三字匾。左房宇为军阀杨森为苗民子弟创办的小学校，有诗寮酒池。洞内广阔，冬春干燥，颇宜保存古物。故宫文物仓库选址在华严洞，并在洞内砌墙盖屋，以存古物（图二四）。1939年1月21日，故宫博物院古物在贵阳装车，22日押运到安顺。2月4日，敌机滥炸贵阳，安顺虽然报警，但文物安然无恙。

从此，徐森玉拖着一条受了伤的腿，亦移居安顺华严洞（图二五）。傅振伦在《徐森玉的嘉言懿行》一文中回忆："朝夕多暇，我们向之聆教版本目录、金石之学，但从不以前辈专家自居而自炫自矜，不好著书立说，唯后生求教，则有问必答。当时，尚严提问，我则阴记其言，积为笔记数册，抗战胜利后，辗转迁徙，散失不全。解

二四　庄尚严之子庄申、庄灵等重访儿时生活过的华严洞

　　放后学术刊物或有请其撰文者，偶一为之，故其传世无多。"

　　1938年，徐森玉在昆明郊区为北平图书馆寻求保存图书珍本之地，山路崎岖，不幸跌伤股骨，在昆明医院治疗五个多月，还是落下残疾，从此只能撑着一根拐杖蹒跚行走。此事在他寄大哥、三弟的信中均有记录："前日寄一书报告宝左股骨折裂经过，谅已收到。"他的股骨折裂尚未痊愈，即又赴安顺。另一信中云："宝股骨用爱克司光检查，业已接合，遂于24日乘西南公路局车离滇。行至曲靖，车机损坏，次日改附运棉纱车，行驶甚速，当晚宿安南，前晚抵安顺，昨日入山住山前楼上，风景颇佳。"（图二六）另一信又云："股间行动时尚不自然，然已能跛行里余矣。红米大佳，蔬菜不多，牛乳虽罐头亦视为无上珍品也。"还有一信记述山中生活："来此已十日，阴雨连绵，毫无晴意，入城路上泥泞深二三尺，有数处竟成污沼，枯坐一室，不能越雷池一步，殊觉闷瞀。山谷词云：万里黔中一漏天，屋居终日似乘船。恰似为宝今日咏矣。"（图二七）

　　徐森玉在寄大哥、三弟的信中又写道：宝此次远游，吾哥念念

二五　徐森玉抗战期间摄于贵州安顺

不舍，过于曩昔。来书一再述不忍宝离沪之意，慈爱而见友，感人心腑。邓中斋词云：谁念客身轻似叶，千里飘零。宝有吾哥相念，则不觉飘零矣。此间物价虽奇贵，然宝一人所费究属有限，故不致缺钱。深秋多雨，山地尤寒，今日寒暑约四十度，非重棉不暖。宝携带之衣履已不敷用，托人在贵阳添制，三五日后可送来。文绮（徐氏三弟麓君之女，过继给森玉）手制之毛线衣，亦在王四爷带回之箱中（图二八）。

　　他在寄大哥、三弟的信中还写道：此间天气甚寒，已添炉火，物

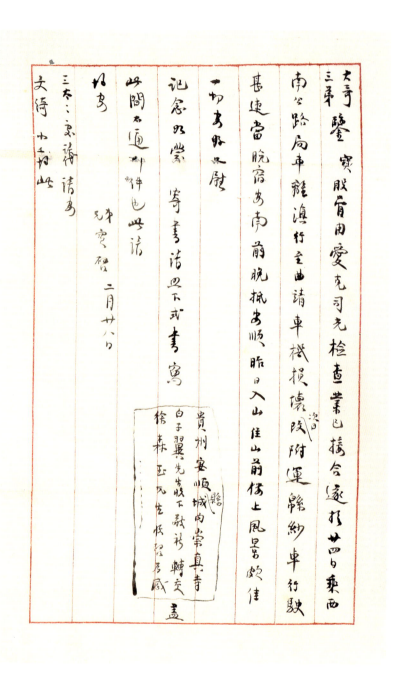

二六　徐森玉致大哥、三弟信。信中谈及自己股骨骨折和运送
　　　文物赴贵州安顺一事

三弟均鉴　别后曾寄一书谅已

誊收来此巳十日阴雨连绵竟无晴意　入城路上泥淖深二三尺有

数次竟成污沼终日枯坐一室不能越雷池一步殊觉闷督山谷

词云万里黔中一漏天居终日似乘船洽似岁晏令日咏之

来书忽在途中茅闻询及所当察　见复盯企其切　王四爷如四

沪上惟实跻连告之专此即诘

均安

弟涂贺敦　十月廿三。

三太太家望代向好　文桐　馨迪
文绮　文湘　牧之均此

二七　徐森玉致大哥、三弟信。信中谈及在贵州安顺时的情况

三弟、均鉴：接十月九日

大哥手示敬悉。二弟此次远游，

寄念之不禁，过于景昔。来书一再述不忍弟漂泊之意，

慈爱及见友康入心。际邓中斋词谁念客身轻似叶，

十里飘零实有音。

寻相念别不觉飘零实，此间物价虽贵，然实一人所

需约四十度，非重棉不暖，携带三衣履已不敷用记人

在贵阳添制袄三五日后方送来。文绣所制三毛线衣已

暑宽屡有限坂不致缺钱。深秋多雨山地尤寒，今日寒

英宽屡有限坂不致缺钱。

阅报想已逢吉收信望速告来。盖天佯自粤来四韵

入此敬也沈仲章先已抵沪，明年会务须赖西谛先生，

吃一次渠与文湘学校中主任相识亦语渠介绍专此

即请

　　　家信託三弟暂勢胜谨钞百元沪连寄北平

均安

三太、素鸣代诸如

文炯文绣文湘校三均此太男

兄宝启十月廿七

大哥内鑒　昨搞　十一月十一日

苏函　询之悟初　逐信兄示为荷

三弟来示　得悉二三　聯準钞每元竟派至千元市南骏人閒聽此圍毫無狂鴻云證也此

閒天氣甚寒已添爐火物價又漲較寒来時約高二倍實每日二餐一菜一湯月

六须费二百数十元扶萬三女荃昌前忽在街上遇見其夫張劍雷在軍醫校供職吟

相遇堪此女極誠懇每星期来山芳實補鞍襪整理衣服又以寒被裤木薄強加棉

花数斤〔此閒棉花每　斤十六元〕　現房中杂物俱理秩於其情可感若上海閨素對於父執餘致浮詞

敷句已是大面子南火人情原薄不同以此又为順法院前院長陳某似为九姑三子来訪實

敷次過去　實自滬回安询及此君已於九月閒在任病逝現全春當滯貴陽狀況極窘似

人之暇面心有系渴也

大寺询訊霜懷鏡子出灵　申寶云和是何人之詞窗中無書與传韻榿可向眉強一询也此中诸

均妥　　光鴻寶啓　十二月四日燈下（清油燈）

三太二　交窗竹閒好

文烟　馨迪　文洁　文湘　均吉　板上血片已收到法濃无爱

价又涨，较宝来时约高二倍。宝每日二餐，一菜一汤，月亦须资二百数十元。扶万之女荃昌，前忽在街上遇见，其夫张剑雷在军医校供职，时相过从。此女极诚恳，每星期来山为宝补鞋袜，整理衣服，又以宝被褥太薄，强加棉花数斤，此间棉花每斤十六元。现房中各物条理秩然，其情可感。若上海闺秀对于父执，能致浮词数句已是大面子，南北人情厚薄不同如此（图二九）。

再一信又云：宝股膝等处屈伸尚不能如意，又时患失眠，筑医士孙孝宽力劝宝觅温泉疗养。前信所云，拟往札佐宜良、安宁等处者，各处均有甚佳温泉。黔滇旅行日见困难，汽车价大涨，此等旅行极不容易，岂能说到做到耶。

从徐森玉的家信中，可以看出安顺山区生活之艰苦，何况他又是伤了腿的人呢。在高高低低的山路上，不知如何行走。但他们也不乏游山之乐，傅振伦在《蒲梢沧桑》中就有记载：25 日（1939 年 5 月）与徐馆长（森玉）、庄主任（尚严）游安顺东南二十五里的藏粮洞，滑竿一架，两人抬之。藏粮洞一名清凉洞，相传为孟获抗蜀藏粮处，甚广阔。坡上有庙，可以眺望。这在徐森玉的家信中也屡有提及。一信中云：乘滑竿至普定县游花洞，大洞凡二，均相通，两透天光一黑暗，石钟乳形状千奇百怪，洞中河流声甚壮。昨仍回读书山（洪北江督学贵州时题此名），股间行动时尚不自然，然已能跛行里余矣（图三〇）。又一信云：距安顺百余里有红崖山，崖上有古代文字，有云高宗伐鬼方时所刻者，有谓系古代苗文者，有谓并非文字者（丁文江如此说）。拟乘滑竿往观，此亦山中消遣之一法也（图三一）。

1939 年 7 月，徐森玉致函叶景葵（揆初）说："宝前岁七月自旧京南下，溯江而上，僦居长沙四越月，得青岛友人电：居延汉简尚陷在北大研究所中，遂循海道潜回北平，设法将简二万余运出送存香港（现在港影印，年底可竣）。去岁春为鸠集故宫移出品物入蜀，夏入陕，秋入黔，冬入滇，行车不慎，竟至折股，在昆明医院疗治五越月，始能蹒跚挂杖而行。今岁季春，来黔西安顺读书山小住（洪北江榜书匾额尚存）。苗寨绕川，环拱左右，芦笙铜鼓，淆杂听闻，

大哥
三弟鉴　十三日在贵阳寄一书谅入

駛十五日曲安顺十九日又乘滑杆至平坝县游花洞大洞凡三均相通两遂天光一里暗

右锺乳形状千奇百怪洞中河流声甚壮昕仍曲读书山　洪灶江督学贵州时题此名　股间动时尚

不自然终巳能跋行里馀矣　红米大佳蔬菜不多牛肉笼箇头点视为荃上陰品也

天气多陰矣自滬来此巳秀白便有一日见日光黄山茶诗云萬里黔中一漏天信然

扬文烟来信云岁暮思家天气多陰身体不遇宽巳写信令其览鱼肝油服之

大寺岛痛想巳发愈金玉乃荃三峡请

均安　绅雯咫　三月廿二

乘信由安顺、城固常真寺白子翠粟先转

三左：多均此福寿

三〇　徐森玉致大哥、三弟信。信中谈及贵州安顺花洞风光

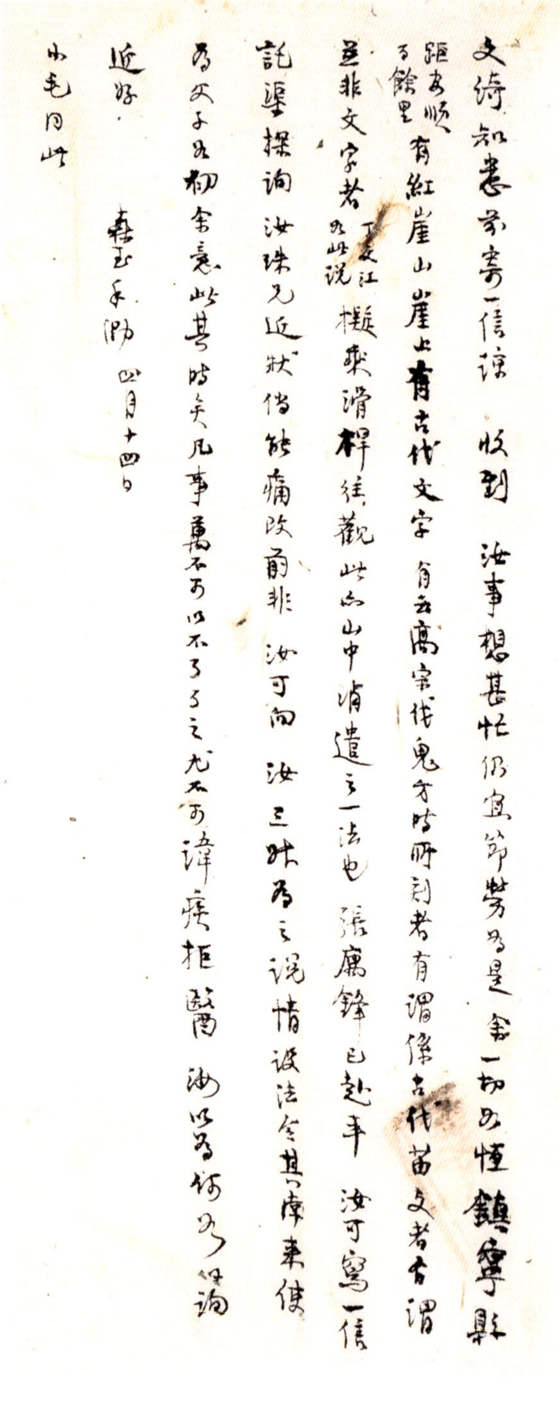

文绮知悉 前寄一信谅 收到 汝事想甚忙 仍宜节劳为是 余一切如恒 镇宁县距安顺百余里 有红崖山 崖上有古代文字 有云高宗伐鬼方时所刻者 有谓像古代苗文者 有谓並非文字者 丁文江先生如此说 拟乘滑竿往观 此亦山中消遣之一法也 张广铎已赴平 汝可写一信託渠探询汝殊儿近状 俾能痛改前非 汝可向 汝三姊为之说情 设法令其回来 使为父子如初 余意此甚明矣 凡事万不可以不了了之 尤不可讳疾拒医 汝以为何如 此询
近好
森玉手泐 四月十四日
小毛同此

三一　徐森玉致女儿徐文绮信。信中谈及红崖山石刻文字

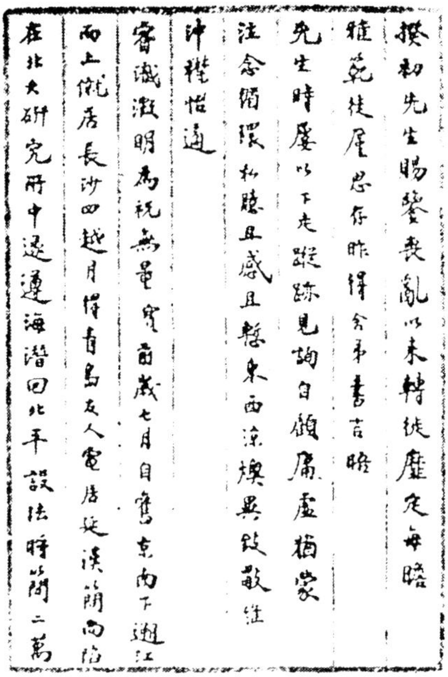

三二　1939年，徐森玉致叶景葵
　　　信。信中谈及贵州安顺华
　　　严洞风物

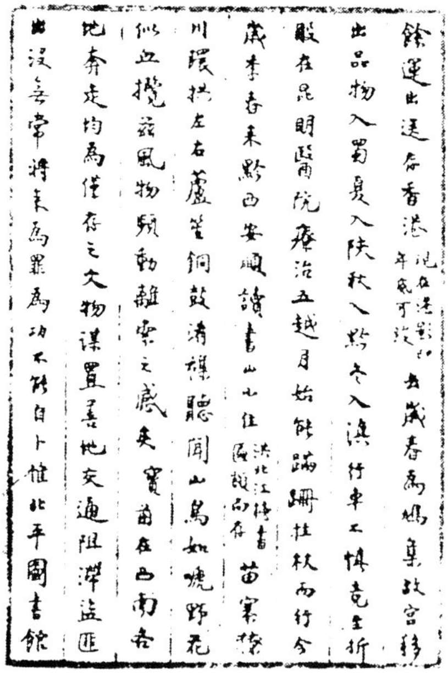

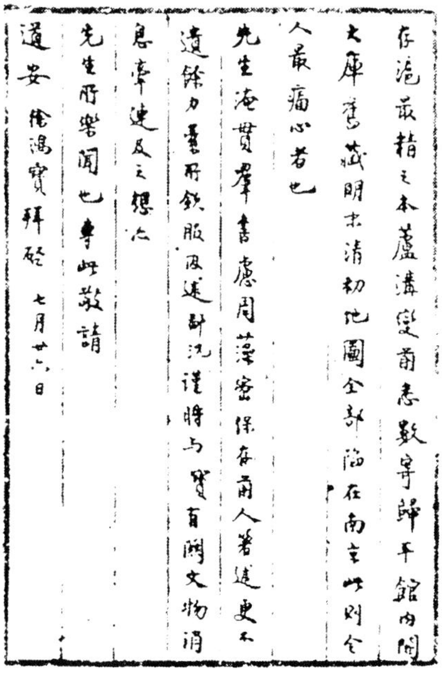

山鸟如啼，野花似血，揽此风物，频动离索之感矣。宝前在西南各地奔走，均为仅存之文物谋置善地。交通阻滞，盗匪出没无常，将来为功为罪，不能自卜。唯北平图书馆存沪最精之本，卢沟变前，悉数寄归平馆。内阁大库旧藏明末清初地图，全部陷在南京，此则最令人痛心者也。"（图三二）于此可见徐森玉为保护文物所付出之心力也。

马叙伦在《石屋续渖》有记云：徐森玉鸿宝，吾浙吴兴人。博览多识，尤擅目录版本，殆为国中魁硕。走国中，所不至者鲜矣。尝游贵州，访红崖石刻。往年告余，以世传石刻拓本，皆非真迹。盖石刻高山，非攀援而登不可读；拓亦不易，必施架阁，方可毡墨。往者显贵购求，有司乃以石灰堆积于所刻上布纸打之，复刻于版，故今传本皆异。余按昔邹叔绩始为是刻释解，乃附会为殷伐鬼方之词。近有许石枏尤戮力于此，常为余译其词意。然余反复研译，竟不易知。如属殷伐鬼方之刻，不应与卜辞文字异形，此可以断其非为中土文字矣。盖如碻是石刻，则为苗文，然苗族文字，今亦可考，惜余未尝从事耳。森玉又谓："数观苗人祭祖，礼极隆重庄严，唯终不得其先世由来，苗人多秘不使外人知也。苗服皆上衣下裳，裳之间施黻，与吾古制不同。"余疑苗族之图腾盖猫也，惜不得其证。卜辞有一字，颇似猫蹲伏状，而从对面正视之，形颇亦未易定也。

读了马叙伦这段文字，可知徐森玉知识之博，处处留心，事事皆学问。红崖石刻，世上流传不少，以前并不知道，经徐森玉毡拓之后，才发现过去传世的均是伪拓。

5. 慈爱的儿女情

在搜集徐森玉资料的过程中，不只为他不畏艰险、保护祖国珍宝的精神所感动，更为其身处山高水远之地仍然关心女儿的恋爱、结婚、出国留学的无微不至的慈父心肠所打动。这些虽然都是六十多年前的事了，但即使我这样的局外人，读了他的一些家信，心中也是热乎乎的（图三三）。

文绮知悉：昨自贵阳归，接七月一日、三日两函，得悉一一。汝出国事经思考一夜，以赴欧洲为是，理由如下：

（一）沪事非但与汝所学异途，且以汝之不屈服精神论之，决不能长久服务下去。

（二）汝披沙拣金有年，得一王馨迪自非寻常之盲从者可比，余闻此事亦深庆幸。凡一切世俗之见，均须摈除。

（三）若令王馨迪提前归国，于学业损失太大。渠既将为我家婿，应事事从渠之方面着想。

（四）现在镑价太高，汝赴欧之费用是一大问题。唯有请汝三叔将预备汝之婚礼费移作此用，余意即稍举债成就此举，亦觉称心。惜余太穷，不能加以援助也。

（五）将来汝两人学成归国，双双拜见汝三叔，其荣幸当过于排场之婚礼十倍也。

（六）中国女子衣服着至欧洲甚为雅观，与男子不同。汝若至欧，不必另制服装。

（七）牛津大学拟聘陈寅恪为教授，聘中国人为教授此是第一次，不识陈往就否？余即作函询之。如陈赴英，或可指导汝若干事也。

余日来甚忙，未致函汝三叔，汝将此纸呈汝三叔阅之，作为说明之据。此询近好。上叩汝

大伯、三叔三婶均安，小毛同此。

森玉手泐　七月十九日

文绮览：前接来信并与馨迪订婚的照片两张，对之欣慰之至。汝前寄来合影二小张，馨迪形容严整，余故以敦厚许之。兹则文彩焕发，气度轩昂，可见心境与面貌甚有关系也。余身体甚好，日内拟赴滇转港料理居延汉简事。汝劝余来沪，余亦有此意，未识有机会否。此询近好，馨迪处望代我致意。汝兄不另，小毛身长较汝高一寸余。

森玉手泐　四月二十四日

文绮览：接来函，得悉一二。汝婚期距今尚有两个月，本想来沪参加典礼，因有他种关系，业已作罢。彼时或当在昆明，唯有遥祝汝两人黾勉同心，百年偕老而已。来香港视吾一节，万万不可，缘欧战后，此

文坰
文綺三人均臨覽　俞接汝
小毛

大伯及　文坰甬得悉一：周仲潔老伯是極膽小的人時局如此

文坰赴湘之說恐成畫餅（青島需款不能去）承平不知何日一家又自己能

保石死便是大事　一作（圈）徒何去找　郎甬由中央滙三百元收到

吾念～文綺甚忙故久不接汝信　縱然恙甚事　然老年遠客敎

千里外總以得汝字為喜　余雨告汝之話与告汝兄同也　小毛考

傷高中堂　告我　獲取固甚佳　不取亦甚好　汝兄汝姊大學畢業

首何用去郎　總告　汝三人之話　即专心剋苦求学而已　余暇嫩文作現

（一）

三三　徐森玉致儿女信

搬加緊醫治当至好而後已　海内名醫未此者甚多

城山三遊青城此春而巳益不見奇　宿上清宫为奥蜓跳蠶逐下　十日前曾作灌縣青

山來未能久留　川東三三峽川北三剑阁石櫃雲栈均天下寺觀惜余皆未遊也

竹堆索橋　以大竹索為之寒慶若碗口平列九條横舖　木版旁護以索橋凡五里長一里有餘　灌縣三都江堰玉壘

目眩神摇不敢登眺　都江堰水利工程創自三千餘年秦守李冰及其子二郎在索橋下設分水魚嘴分引岷江三水為内外二江従岷外江流　筝虞歊篤隄怒吼

岸得免水患向江州川流永鎮千里平原遂成鏡治三區故自昔稱天府三國

调其哀豔字三皆可龍真明皇幸蜀千载弓放三年後獪流傳人口也　夜走離堆品茗閒人合唱川调三長生殿　三菌

三種菌巳上市鮮美異常余口唉嗽不龄下箸海椒胡豆瓣久久不入口矣

（三）

川菜色香味均精絶非平滬川菜館所能比擬移箸不知味之此人往

往説淡而無味　荔枝較滬南產者微酸　街頭巳盡擔叫賣白

蓮花珠蘭茉莉晚香玉白蘭花均盛開遇主昌福館筆友賣

花者陳列匱架以入坡都東各市塲令人興感之郭挂雜書此

石覺三紙精純不濟石敲再書　汝

大佰玉容言信即看此書也

三排　得人稿四西得十意章賜蔽二月廿八

肉象坊此請寄向此

陳佰三郎否空告我五代我請寄

楊馬兩大支有杜鵑城故里楊雄故里灌縣有望帝之崇帝陵

由成都西行四十里為郫縣再西行八十里

為灌縣由郫城南行三十餘里為長生宮自此

登山即為青城郫縣有司馬相如墓有

城郫縣有藺夫人宅貴氏青城人均専祠過

見及

郫縣桐樹上有一種小蟲曰桐花鳳余未

间大非昔比也。曾购蜀锦被面二条，作为赠品，因滇越路检查太严，未带来，他日再用包裹寄沪。此间苦雨（上海偏不下雨），连绵二十余日不放晴，天气甚凉，我的夏季衣服不必寄来。香港人大过节，粽子特别大，梁卣铭、沈羹梅、马季明、许地山送来粽子甚多，我几吃伤了。此外举行龙舟竞渡游泳，家人全加入，亦一趣闻也。汝蜜月旅行否？此询近好

森玉手泐　六月九日

馨迪兄处为致候。

徐森玉致女儿的信中，充满父爱，对女儿有着理解和鼓励，对未来的女婿也颇关心。他为女儿的事思考了一夜，小到衣着建议，大到对世俗之见的摈弃，看重学问的徐森玉比一般家长更有远见卓识。为凑足女儿赴欧的旅费，略表父意，他准备卖掉珍藏多年的汉魏石经。徐森玉虽为古物专家，但一生不事收藏，汉魏石经是他唯一的藏品。女儿文绮知道这是父亲的心爱之物，竟要为她割舍，于是急电贵州阻止，徐森玉来信安慰她说，称此本"身外之物，汝看得太认真了"。

民国初年，治印大家乔大壮旅居北京时，寄宿于徐森玉家，为他刻一石章，印文为"人生只合在湖州"。徐文绮和王辛笛结婚时，遂以此印相赠。乔大壮暮年病酒，终在苏州闾门外自沉于水。

徐文绮是徐森玉弟弟鹿君的女儿，从小过继给徐森玉。由于受家庭文化的熏陶，徐文绮幼时爱好诗文，天性活泼，脾气有点急，但写得一手的好字。青年时就读南开大学，读英文，是学校女子排球队队员，还喜欢打垒球。毕业后到日本京都帝国大学攻读中国明代历史，师从日本西域史大家羽田亨教授。1937年，她回来过暑假，恰逢"七七事变"，不再去日本求学，逃难到上海，不久考入上海海关工作。王馨迪即诗人王辛笛，和徐文绮是南开大学校友。1935年，王辛笛大学毕业，到北京贝满女子中学教英文和中文。1936年，由北京大学教授朱光潜推荐，前往英国爱丁堡大学攻读英国文学。1940年，王辛笛从英国归来与徐文绮订婚（图三四）。1941年，太平洋战

三四　1940年2月，王辛笛和徐文绮订婚

争爆发，上海沦陷，王辛笛便进入金城银行当中文秘书，后来又担任了金城银行信托部主任。徐森玉在孤岛上海抢救古籍善本时，没能带走的书籍，即由辛笛、文绮保管。抗战胜利后，又完整无损地交给北平图书馆。

6. 以儿子作抵押

徐森玉本来以为可以守着国宝，安居此地。后来，日寇西侵，桂黔告急，深藏安顺的稀世珍宝，不得不再进行一次更为艰难的转移。这次转移的目的地是四川巴县，路上走了两个多月，走什么路线不得而知。从实际情况看，路线无非是两条，一是由安顺经平坝回到贵阳，再沿息烽、遵义而北上，至重庆附近的巴县。这条路线似乎不可能，会被日军发现，路上也不需要走两个月。另一条路即从安顺北面的金织、金沙绕大娄山，循茅台、桐梓，而至綦江，便到了巴县。如果从这条线路走，不只是山道阻险，而且途中还有土匪出没无常。他寻思，老祖宗留下的传世之宝，若落入盗匪之手，岂不愧对子孙后代，豁出老命也要度过此难。但是途中还是遇到"山大王"阻挡不许前进。

徐森玉派人前往谈判，听任他出价，只要能安全过路就行。谁知，这个大头目早就听到过徐森玉的大名，也已探知清朝皇宫里的宝贝就藏在他这一片山林里，迟早是要运出去的，所以早就等着有人叩门。

当徐森玉的使者前去拜访大头目时，这大头目并不言钱，而是非要见一见徐森玉本人。徐森玉如约前往，一经接谈，不禁大吃一惊。他万万没有想到，人家不仅知道他的底细，就连他在上海银行界做事的大儿子徐伯郊也了解得一清二楚。更使他惊愕的是大头目在交谈之间，绝口不提钱字。当他终于提出过路的条件时，大头目对着满脸焦虑的徐森玉，缓缓地说："要过河可以，条件嘛，很简单，叫你上海的儿子来，我要收个有钱人做徒弟！"

徐森玉真正如遭五雷轰顶，昏昏然下得山来。晚上，他枯坐草屋，独自苦思冥想：文物是国家的宝贝，儿子是自己的宝贝，儿子刚从国外留学回来，在银行界也刚刚起步，怎能送入盗匪之手，万一有个闪失，岂不后悔一辈子？可文物又急待运出去，重庆电报频频催行。怎么办？他真是左右为难，两者都不忍割舍！直到月落西天，一名随员捏着重庆又一份催行电报，忧心忡忡地请示他到底怎么办时，他睁开布满血丝的双眼，疲惫地抬起头来，神情严肃地说："我以儿子作抵押吧！"

一电急驰上海，大儿子徐文堈（伯郊）接电莫名其妙，不知何

文堈如晤　余抵营即业第四日来晤汀市肆颇繁盛两岸楼极少全城走遍始得一栖可居移汀奥山塘研事较经磋商往返询问吸得极佳此行有日即作书告汝也移告诸亲友城西有苍玉洞宋人题名刻石数十段近年有修工者损坏多矣又北山之麓有梅万株绿荫宜人若初春来此真秀雪海夫施蛰存写有武夷诗三千首颇有大谢风趣此地人物均卿两同调念甚念蛰迪不置上海生活日高治事：宜小心玉宇……此询近佳

文森全　六月八日　居家与案伏床上写此

蛰迪
文待　文翔均此

大哥蛰雯昌昨汀阴两半月今始放晴衣服霉臭不能大洗惆恨三玉身体极平安一三弟行古日特别画告知事：寒物小心也溧阳去收礼板物保重多祷此诸

嘱章三未；均此政使　兄寅禛六月八日

三六　徐文坰与张大千（右）摄于摩耶精舍花园

故要他前去？莫非老人家身体又患急病了？他日夜兼程赶到安顺，才知要他去当人质。徐伯郊1913年出生，曾就读北京辅仁大学、日本东京帝国大学及庆应大学。此时正在叶揆初的兴业银行谋事，后任上海银行、广东省银行及香港银行经理，与张大千甚友善（图三五、三六）。

徐伯郊是位孝子，又是明理之人，为解父难，立刻上山去拜了土匪头目做老头子，成了一个小"袍哥"。徐伯郊见多识广，能言善辩，短短几日，与土匪们长舌短绕，假戏真做，答应抗战胜利以后给大头目当干儿子，以其上海银行家身份，保其日后荣华富贵，直说得"袍哥"们眉开眼笑。不几天，居然又回到了父亲身旁。临行时大头目对他说："小子，回去告诉你老父，我保他此行一路平安！"

徐森玉哪敢耽搁片刻，大箱小箱，大捆小扎，车子骡马，浩浩荡荡，赶紧离开这片充满凶险的荒山野岭。

他们翻越了几十道山梁，涉过几十条湍急的河流，历时两月，终于安抵重庆。一路上果真平安无事！

五 壮我中华：操办文物出国展览

　　1935年，中华国民政府与英国政府在伦敦举办中国艺术国际展览会。国民政府行政院组织筹备会，筹备会由王世杰、马衡分别主持，其他还有教育部的张道藩、雷震、杨振声，故宫博物院的袁同礼、徐森玉、朱家济、吴玉璋、欧阳道达等。筹备会下设专门委员会，由故宫博物院院长马衡、副院长兼古物馆馆长徐森玉主持，专门委员会委员有郭葆昌、唐兰、吴湖帆及教育部司长、专家等。他们征选鉴定展品，并编写瓷器、青铜器、书画说明，英国专家亦来华参加选定展品。

　　这是民国以来政府第一次参加展览会的盛举，展品以故宫博物院为主。故宫参加的展品，先在院中拟就目录，作为初选，再由筹备会组成的审查会，会同院方逐件复选，然后与英方派来的专家代表商洽，双方共同做最后的决定。中方选件原则是：一是非精品不入选，二是只有一件的绝品不入选。所以名画中如荆关董巨诸名迹，铜器中如散氏盘、新莽嘉量等等，均未曾入选。故宫藏品系选出青铜器60件，瓷352件，书画170件，玉器60件，织绣30件，剔红5件，摺扇20件，景泰珐琅60件，杂品5件，家具、文具19件，共735件。此外，还有古物陈列所47件，包括青铜器36件，书画5件，玉器2件，织绣1件，杂件3件。青铜器还有河南博物馆8件，安徽博物馆4件，北平图书馆展品为珍本古书50种，中央研究院考古所选113品。此外，还有张乃骥私人藏玉65件，总计1022件，可谓是一次盛大的国际博览会。

　　出国人员以国民政府行政院郑天锡为特派员，教育部派督学唐惜芬为英文秘书，故宫博物院派科长庄尚严为中文秘书，还派科员傅振伦、那志良、宋际隆为干事，分管瓷器、玉器、杂项、书画。1935年4月，在上海外滩中国银行仓库公开展览五星期。为了古物安全，徐森玉带领庄尚严、傅振伦直接参与文物包装的事宜。书画及织绣为制布囊，分件包装。其他各项为制匣盒，以故宫库存各色锦缎为面，内敷棉絮。古物装箱前，编号、造册、拍照。装箱时将文物置于特制铁皮木箱内，箱内填充藤丝，使其不致晃动，最后加封落锁。

一切准备就绪，徐森玉对庄尚严、傅振伦的奖励是给他们一个星期的休假。

1935 年 6 月 6 日，展品装上军舰，由上海开出，唐惜芬、庄尚严随舰押运，傅振伦、那志良、宋际隆、郑天锡等则乘客轮赴英（图三七至三九）。7 月 25 日，到达伦敦皇家艺术学院展览会的场所。展览会于 1935 年 11 月 27 日举行预展。这次展出选中了中国展品 789 件，此外，还有英国及其属地展品 1579 件，法国巴黎卢芹斋古玩公司 215 件，美国 115 件，瑞典 113 件，德国 85 件，荷兰 49 件，日本 45 件，比利时 28 件，苏联 13 件，瑞士 42 件，西班牙、丹麦、希腊各 1 件。自 1935 年 11 月 28 日开幕，到 1936 年 3 月 7 日止，除假日外，每天上午九时半至下午七时开放。在十四个星期展览之中，统计参观者达 420048 人，参观人次之多仅次于曾在此举行的意大利艺术展。

在展览期间，英国报章天天报道消息，刊载文章，杂志发行专刊、画刊。剪报公司剪取此类资料出售。中国古玩商卢芹斋公司 11 月 25 日也在伦敦山街 128 号举行了陶瓷铜玉展览，为期三周。展品 342 件，印有精美典雅的目录图册。据传，郭泰祺大使贩运的中国瓷器、绸缎、茶叶皆畅销一时，十余家中国餐馆的生意也极为兴隆，英国皇后还订制了"中国蓝"服装，在当地掀起了一场"中国热"。

伦敦街市上的店铺，有许多家把宋太祖的画像贴在橱窗的玻璃上，他们觉得这个人的相貌奇特，服饰别致，尤其是帽子上那两根横梁，更值得欣赏。伦敦掀起一阵中国艺术的热潮，报纸、杂志上都有介绍的文字。有些英国人根本不知道有中国，现在他们知道了，而且知道这个国家，幅员辽阔，人口众多。最要紧的是他们知道了这是一个有悠久历史的国家，有古老而精美的文物遗留下来，这次展览是成功的。

1936 年 5 月 17 日，去英国参展的文物安全返回上海。徐森玉率

三七　运载中国艺术国际展览会展品的萨福号抵达英国朴次茅
　　　斯港
三八　展品在朴次茅斯港海关加封，运往伦敦皇家艺术学院
三九　展览结束后，展品装箱现场

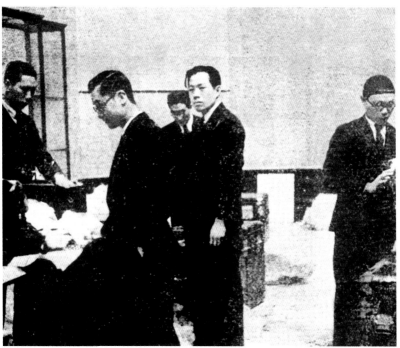

队到码头迎接。然后，这批文物转运南京，送到考试院的明志楼，准备举办一次展品回国展览，以取信于国人。在南京展览了一个星期后，又运回上海，送到仓库保存。

1938年，故宫博物院藏品拟赴美国展览，徐森玉又请庄尚严、朱家济、傅振伦负责挑选文物。此时，故宫博物院有文物存放在贵阳，他们便去贵阳挑选。经过挑选，造出了故宫古物赴美国展览清册，计有青铜器22件，古玉器34件，字画31卷、46册、121轴，清代文献11种。此事后因武汉失守而作罢。

1939年，国民政府立法院院长孙科兼任中苏文化协会会长，应苏联之邀，以中国古物及当代艺术品赴莫斯科东方文化艺术博物馆展览。此时故宫文物已转移到安顺华严洞。徐森玉又委派庄尚严、朱家济、傅振伦选提文物。为了便于运输，他们从安顺华严洞故宫珍品库房提选了图饰精美的小件铜器10件，古玉40件，古画织绣轴50件，装箱待运。那时也有出国置装费，但钱很少，徐森玉还向傅振伦赠送了皮大衣。

文物由贵州运至兰州。9月16日，苏联派来美式道格拉斯飞机。傅振伦在这天的日记中写道："我即启库把文物押至机场。机场周围山上安置防空高射炮多门，部队头戴钢盔，携机关枪守卫。"飞机经新疆迪化（今乌鲁木齐）、苏联的阿拉木图，然后才到莫斯科。

六 危难中抢救 "居延汉简"

简是在我国古代没有发明纸张以前，用来著书立说或进行种种记录的竹片或木片。书写的方法或用刀刻，或用笔写。古人说某人读书读得多，叫"学富五车"（用五辆车子也装不下）。秦始皇事必躬亲，每天要看一百多斤重的奏章。把许多简一片一片地用绳子编起来（编竹帘似的），就叫册。一卷书就是用几十根木简（或竹简）编连在一起卷起来。现在我们读的书叫第几卷或第几册，也就是从古代的简册制度里沿用下来的。

但木简流传下来的很少，或者因为埋在地下烂了，或被烧掉了。宋朝时能有几根，就已经很珍贵了，倒是近代才有了较多的发现。最初发现汉简——即敦煌汉简的是英国人斯坦因，以后还有法国人伯希和。另外，还有日本人。他们发现的数量很有限，而且找到的都拿走了，自己研究去了。这些简都是历史上最可靠的第一手材料，学术价值很高，而中国人却只有很少的几根。

20世纪20年代到30年代初，曾组织过中西合作的西北科学考察团，到蒙古、甘肃和新疆等考察了很长一段时间，但并未发现木简。后来，瑞典考古学家贝格曼隔了两三年之后自己从苏联通过蒙古，进入现在甘肃境内的额济纳河，即蒙古与甘肃交界的地方，由当地人配合，发掘了一批木简，数量号称上万根。这是空前的大发现，过去英国人斯坦因发现的"敦煌汉简"也只有近三千根，当时轰动了全世界的考古学界和历史学界。

发现木简的那个地方古代属居延海，东汉时曾设居延郡，汉朝时是驻屯军队北防匈奴的边陲地区，所以这批木简称"居延木简"或"居延汉简"。居延汉简运到北京，经马衡、刘半农、沈兼士、周养庵等著名学者与外国合作者商议，木简留在北京，存放在北京大学文科研究所里，中外学者可利用这批资料进行研究。

因为汉代居延海是个屯兵的地区，故这批木简写的大半是有关兵器、军事、屯戍等，内有书信，还有天子直接下的诏令等。它和敦煌汉简相同，都属于我国边塞上的纪录，还牵涉到政治、经济和一般生活问题。这些记录有的琐细而无关宏旨，有些却非常重要，有的可补文献之不足，有的可纠正文献的错误，或给文献中的不明之处一个较好的注释。

木简搁在研究所西边的两间屋子里，存放在特别大的木橱中。保管的方法是根据坑位及编号，几根一包，用干棉纸衬上，再用脱脂棉卷起来，搬运时也是这样。

贝格曼等人不久便回国了，除了拍些照片之外，从此好几年没有下文，木简自然留在中国。1931年5月底，汉简运到北平，先藏于北京图书馆，后为摄影、研究方便移往北京大学。

1934年，刘半农在蒙绥地区考察后，突然逝世，木简就更无人负责。后来，经理事会的十多个理事研究，挑选了四个北大读文学、历史的优秀毕业生来协助马衡研究，先照相或抄写，其中做工作比较多的是劳干（贞一），他对汉史有研究，还有一个是贺昌群，一个是余逊（让之），另一个大概是向达（觉明），他对东西交通很熟悉。这四位青年学者一面将稿子交马衡审阅，一面继续写作，工作才半年，正处于释文还未完成的阶段，日寇打进了北平。

1937年，"七七事变"爆发。7月28日，日本人先头部队已经开到北平城里，那些木简还摊放在北京大学的抽屉里。北京大学当时是一个重点，已被日军包围着，只等待着后续部队来接收。这时青年助教沈仲章，同时又兼西北科学考察团理事会干事，深知这批木简重要，如果不及时转运出去，后果将不堪设想，会像"北京人头盖骨"那样，下落不明。他随即冒着风险，将这批木简转移出来。

对此事，沈仲章有长篇回忆。

"当时大难临头，一部分师生已纷纷逃散，我只好向当时北大秘书长郑天挺请示，他不敢表态。我又去找尚留在北京的西北考察团理事沈兼士、袁同礼等，他们也怕担风险，不敢表态。对这批木简有感情、有责任心的人如徐森玉、傅斯年等人又都不在北京。我只好当机立断，一个人争分夺秒地干，分四次把它们统统运出来。开始把它们存放在附近嵩公府北大图书馆后面，然后放在箱子里拎出来，藏在北长街一个小庙里，这是西北考察团理事会负责人徐森玉的住处。此外，还有考察团的重要物件也偷运出来了，如居延笔的模型（复制品），贝格曼在居延海发掘木简的地形坑位草图，西北科学考察团木刻彩色套版和印有壁画佛像的信笺、邮票，还有我国邮局特为西北科学考察团发行的纪念邮票一大包（一千多套），还有许多原始记录、账目等等。这些全是与木简有关的东西。后来，在周殿福的帮助下，我带着木简乘上去天津的火车。周殿福是语言研究所的副研究员。从北平到天津，居然走了一天半"。

"到了天津，没有熟人，正当走投无路时，遇上了做各种山货生意的韩七爷，他有一个兄弟是北京大学教授，和徐森玉是邻居，因而和徐过从甚密，所以认识我。我就住进了他在法租界开的客栈里。那时我已成了难民，上海去不了，苏州家乡也音信不通。我得知徐森玉的消息，他已随北大撤到长沙。我就给他写信，向他报告木简的情况。他得知情况后又高兴又惊奇，没想到我这个小小工作人员竟能把木简抢救出来，认为我做了他们所不敢做的事。徐将此事告诉了傅斯年，立即发来电报，叫我在天津待命，他们会派人来的。足足等了个把月，来的不是别人，正是徐森玉先生本人。他那时已是六十岁的人了。辗转远来，欣然道故。他告诉我说，他们几个人研究过了，叫我一个人秘密进行，把宝物由北平运到天津，再由天津运到香港。我义不容辞，接受了这个任务。这要极端保密，让日本人知道了，就满盘皆输了"。

在徐森玉周密的安排下，沈仲章在天津等了好长时间，才乘上去香港的船。但这条船不直接去香港，先到青岛。到了青岛，沈仲章上岸，想给徐森玉发个电报，告知木简已经南下。可是当他回到码头，轮船已经开走了。他只好给船长打电报，请船长把他的箱子交给同船的吴景桢。这位外国船长很负责任，果然把箱子交给吴景桢。吴也很负责任，把箱子取出交给蒋梦麟。

徐森玉从香港电告傅斯年，电文云："木简已全运港，拟用公及仲章、鸿宝三人名义存香港大学。务希电允。排字影印亦拟进行，回

授初先生賜鑒　曩冬奉

手教雲　遠東政到搨付沈証記倉增馳仰通維

尊慶　近居乡柱為怀　賓因居延木簡在港影印候逾两載結朱無

期不得已朱河催促業屬已全部照埽校政排比十月間

趙居乡柱為怀　賓因居延木簡在港影印候逾两載結朱無

河汀成視香港已排安全之地擬將尼簡移至昆明與中央研究

院双遊物同置一處惟溝越終甚不易通行平寄殺日瞻

張葡翁談及

先生藏書設館庶陳公之托世

姜唐之庶將与名山比峻崚之赠与學校或圖書館者尤為安慎

欽服吾代小兒輩吾不足任便乃家

政拾鎮用付四排分猶憶世工平前寶在督校畢業承

招垃北逸全议辨學堂全一兄簃荷

载成内世珉依次作偶然戀

恩悚悚來熱辨吉矢卓廂敬谓

崇安　徐鴻寶謹上　六月四日

四〇　1940年，徐森玉致叶景葵信。信中商谈关于居延汉简
　　　的印刷出版事宜

电由许地山转。"这是1938年的事。

　　两箱木简运到香港后，经当时在香港大学任教的许地山联系交香港大学存放，并由沈仲章负责整理和拍照，准备由商务印书馆在上海制版印刷。沈仲章到香港后，又做了将木简拍照、剪贴、排比及编索引等工作。

　　1940年，徐森玉虽然伤残了腿，而这位"东西南北人"犹奔波如昔，4月飘然至香港，督印居延汉简，期10月间印成。6月初，徐森玉又向傅斯年建议将汉简自香港运往昆明，并开始安排船只，绕道越南至昆明。杭立武又致电傅斯年建议改运菲律宾的马尼拉。但傅斯年等认为马尼拉天气湿热，不利保存，主张改运美国。这时，

徐森玉与中航公司交涉船位，一直没有结果。6月4日，徐森玉致信叶揆初谈及此事（图四〇）。"宝因'居延木简'在港影印，倏逾两载，结束无期，不得已来此催促，兼自策励，已全部照竣，校改排比，十月间可印成。现香港已非安全之地，拟将原简移至昆明，与中央研究院殷墟遗物同置一处，唯滇越路甚不易通行耳。前数日晤张菊翁，谈及先生藏书设馆庋陈，公之于世，嘉惠之麻，将与名山比峻，较之赠与学校或图书馆者，尤为安慎，钦服无似"。

徐森玉得悉傅斯年"运美尤佳"的信息，因此改变计划，由当时在香港的叶恭绰（玉甫）两度致电当时驻美大使胡适，希望胡安排一切。7月12日，徐森玉又致胡适长信，说明始末。胡适在7月31日复叶恭绰、徐森玉长函，云："前得玉甫先生第一电，因在旅行中，未及作相当接洽，及得第二电，当即复云'safe custody assured'（保证安全储藏），其实尚未与国会图书馆汉文部长相见（彼在东北境上避暑），但适知其毫无问题。适有先人铁华公之遗稿几十册，现由国会图书馆代为收藏，藏于保险库，由图书馆出具收条，交适保存。馆长与东方部长皆与适最相熟，故木简事绝对无问题，寄到之日即当转存国会图书馆，其收条当出适暂为保存（当摄照收条副本寄玉甫先生及森玉先生）。"

"前日又得森玉先生七月十二日长函，接读后百分兴奋，百分感叹！沈仲章兄之冒险保存汉简，森玉兄之终始护持，皆使适感叹下泪。适在当日实负典守之责，一旦远行，竟不能始终其事，至今耿耿。幸得仲章、森玉诸兄保存护持，又得玉甫、孟真诸兄大力，使汉简全部得以整理摄影，留一副本在人间。今又得诸公大力，使此万余古简得至新洲'延其寿命'，此皆足为适减其罪愆。以后保存之责，适当谨慎担负，务求安全无危险，请诸兄放心。国会图书馆中现有王重民、房兆楹、朱士嘉诸兄，皆足襄助木简之储藏等事，并闻"。

"三箱何时出境，乞早示知，如有困难，可谒美国驻港领事，或可得其助力。箱内可写交适本人，可免海关检查"。

本来，傅斯年要徐森玉为居延汉简影印本作序，但徐在回信中

孟真先生赐鉴　春间寓庐港太速未能晤

教驭之至今晤奉

惠书辱蒙　劳问至审

钧体惟宁感慰感慰　汉简承

大力筹画　印刷等费均告齐备间之惟有额手称庆港大

屡加疑难　实由许地山先措辞连而致已追悔莫及今用

北平图书馆名义取出当不致尾北方　籽伪辱樱夺之

委　不睬揭序惶愿与似　高石敢承将来仍求

先生拨冗一挥　己矣神童见情者　续材料搜集汇呈　并电界去　姓名　盖此案四周之

暗潮尚未平息　实不能精樱其锋惟有仗

大雪舍盖则一切魍魉周两自隐遍兮遗物惩

见许居禄　南郑襄城两处文物还全成都因军运匆迫

车辆又缺　兵弃走两月到此者僅廿分之一令人万分焦急实

拟□向赴陆一行　田荟亩去月底矣专此泐请

捐安惟

徐森玉致傅斯年信。信中婉拒为居延汉简出版作序一事婉言相拒，并希望在序中不要提他的名字。信中写道："春间宝离港太速，未能晤教，耿耿至今。昨奉惠书，辱蒙劳问，并审钧体唯宁，感慰兼至。汉简承大力筹划，印刷等费均告齐备，闻之唯有额手称庆。港大屡加疑难，实由许地山兄措辞错迕所致，已追悔莫及。今用北平图书馆名义取出，当不致为北方奸伪所攫夺也。委不腆撰序，惶恐无似，万不敢承，将来仍求先生拨冗一挥（已函仲章兄将各种材料搜集汇呈），并望略去贱名。盖此案四周之暗潮尚未平息，宝实不能稍撄其锋，唯有仗大云含盖，则一切魑魅魍魉自隐遁无遗。务恳见许为祷。南郑、褒城两处文物迁至成都，因军运紧急，车辆又缺乏，奔走两月，到此者仅廿分之一，令人万分焦急。宝拟日内赴陕一行。回蓉当在月底矣。"（图四一）

1940年8月4日，汉简由香港启运，10月中旬顺利运至驻华盛顿的中国大使馆。居延汉简到了美国之后，胡适即把它们存储在国会图书馆的仓库里，并加上铁皮封存。10月30日，胡适曾给叶恭绰、徐森玉一信，报告汉简抵达及转交国会图书馆善本室暂时保管的情况。当胡适回台湾中央研究院任院长时，便向美国国会图书馆交涉，提出将汉简交付中央研究院历史语言研究所保管，此时所长是考古学家李济之。居延汉简于1965年11月原封未动地运回台湾。

居延汉简1957年在台湾出版，1977年再版。写序的就是当年协助马衡整理研究居延汉简的四青年之一的劳干。

七 抢救《赵城藏》
和影印《碛砂藏》

　　《赵城藏》是金皇统八年解州天宁寺雕造大藏经刻本，又名《金刻大茂藏经》，共计七千余卷，经二十年始竣工。原藏在赵城东南的广胜寺内。广胜寺始建于东汉建和元年（147年），是我国古老的佛寺之一。1931年，上海影印宋版藏经会僧人范成访《碛砂藏》所缺本，在山西广胜寺始发现此经。

　　《碛砂藏》即《碛砂大藏经》，是南宋理宗时代由赵安国、法音等所发起，于平江府（江苏吴县）碛砂延圣院开雕的大藏经。自南宋理宗绍定四年（1231年，一说端平元年）至元英宗至治二年（1322年），历经近一个世纪才刻成。全藏计391函，6362卷，1532部佛教典籍，经检查尚存十分之八。这并不是孤本，后在山西太原的崇善寺亦发现全藏一部，而在海外美国普林斯敦大学葛斯德东方图书馆也藏有一部，其中有2300多本是《碛砂藏》原刊本；有1100多本是依据《碛砂藏》原刻本钞配的白纸钞补本，钞补时间在万历二十八年（1600年）左右；还有800多本是用明洪武年间开刻的《南藏》本配补的。

　　上海影印宋版藏经会准备把《赵城藏》借来影印，以补《碛砂藏》之缺，随托徐森玉出面去借。徐森玉在北京创办三时学会，日常礼佛吃素，虽是佛门外的居士，但在佛学界颇有影响。徐森玉以北平三时学会的名义，亲赴广胜寺，向住持和尚力空法师说明来意。法师顾虑重重，担心徐森玉来个"桶底脱"全部借去，两手空空，如何是好，自然以拒绝为上策。徐森玉还是以诚相见，不借全部，只选《碛砂藏》所无，且为元、明、清诸藏皆无者四十六种。力空法师和当地士绅盛情难却，便答应了。徐森玉携带经卷经北平送往上海，忙着拍照、制版、付印。书成分上、中、下三册，名为《宋藏遗珍》，并改成线装小册，流通中外。接着，徐森玉又奔走呼吁，拟拨调北平图书馆收藏，但未能成功。

叶恭绰为《宋藏遗珍》写的序文有云："此经黄裱朱轴，悉为卷式，故为睢州考城县太平兴国禅寺之物。据题文考之，金皇统时解州天宁寺藏经版会创雕，元初亦有补版，每版印一纸，积纸成卷，卷自十三纸至三十二纸，纸自二十二行至三十一行，行十四字至二十七字不等。而诸刻经论为《宋碛砂藏》所无，目为元明清藏所无者，因亟以各藏所无之卷影印行世，名曰《宋藏遗珍》，示不忘所自也。呜呼，吾国佛典之著录富矣，此藏为有金一代钜工，乃历来悉未记载，譬之老僧入定，兀坐山岩穷谷中，不为人知，历数百载而时'因缘相念，始以真示人，此其中殆有故焉。'"

1937年9月，日本侵略军进入雁北，形势吃紧，徐森玉呼吁国民政府抢救《赵城藏》。当时国民党十四军军长李默庵驻防晋南赵城，派人将广胜寺住持和尚力空法师唤到赵城县城内商议转移藏经之事。力空法师表示金刻大藏经属于赵城全县所有，拒绝转移。李默庵又找地方士绅商议，地方士绅亦拒绝，并表示"与其失之于重庆，不如失之于广胜原地"。转移藏经之议遂罢。力空法师返回广胜寺，即将《赵城藏》封于广胜寺飞虹塔内。1938年2月7日，阎锡山又派人自临汾到广胜寺，与住持和尚力空法师商议，要把《赵城藏》移往山西吉县山内，又遭到力空法师的拒绝。1938年2月26日，日军占领赵城，广胜寺已处于日军占领区内，距日军道觉村据点仅1公里。

1940年，徐森玉从重庆秘密到达上海，和郑振铎等人一起抢救古籍善本，但他仍然在关心《赵城藏》。他让郑振铎和中国共产党地下组织联系，请共产党把《赵城藏》抢救出来。消息传到太岳党委书记安子文及太岳军分区司令陈赓和政委薄一波那里，他们即指示当时的抗日政府和力空法师取得联系，商讨抢救《赵城藏》的办法。此时，日军也在注意《赵城藏》了。力空法师知道，如《赵城藏》仍放在寺内，难免丢失。但交给抗日政府，日军扫荡频繁，也极易散失。他从保护经卷的角度出发，提出三条要求：（一）经卷要装布口袋；（二）搬运时要装箱；（三）尽量争取转移到延安，以防日本人扫荡时丢失。协商过程中，县委书记李溪林答应了力空的要求，又取得了当地士绅们的同意与支持。正在此时，太岳区地委得到日军要到广胜寺夺取《赵城藏》的情报，立即向太岳区党委汇报，太岳区党委又上报中共中央。不久，中共中央电告太岳区党委，同意抢救《赵城藏》。李溪林接到通知后，立即率人前往广胜寺，抢运《赵城藏》。力空法师还一再交待将经卷运往延安，交给朱德总司令。游击队把经卷从广胜寺运走后，日军果然占领了广胜寺，因力空法师躲藏起来，便将寺内二十多名僧人抓走。游击队背着《赵城藏》转战太行山，经卷万无一失。1942 年 7 月 6 日，《新华日报》（华北版）以"赵城军民协力保护佛家珍藏，抢出广胜寺古代经卷"为题报道了这一消息。报道中说："赵城佛家胜地广胜寺为两千余年之古迹，藏有古代经卷 4700 余卷，为古代文化之珍宝。日寇占领赵城后，觊觎此巨经已久，近日设法盗取，为我当地军民发觉，遂配合精锐武装，在该寺和尚协助下，于日前将该经卷全部抢救出来，此已转送边区政府保存。"

徐森玉得此消息，悬在心中的石头终于落地。

1949 年 2 月，北平解放，华北大学、文物管理委员会、北平图书馆等部门以及佛教界人士会商，经薄一波批准，电令太行行署将《赵城藏》运至北平图书馆入藏。此时尚存的 4330 卷《赵城藏》被分装 42 箱，从涉县乘火车运到邯郸，再乘汽车运抵北平。1949 年 4 月 30 日，《赵城藏》被运交北平图书馆保存。金刻《赵城藏》经八路军抢救出来后，曾一度在一个煤窑里贮藏过，因潮湿入水，凝结得像砖块。入藏北平图书馆后，花了十多年时间进行技术复原，用笼炊蒸，细心揭开，风貌格韵，自不如徐森玉、叶恭绰影印的《宋藏遗珍》了，但仍不失为佛典珍品著作。现在出版的《中华大藏经》即以这部金刻《赵城藏》为底本，缺卷一般用《高丽藏》配补，有时也用宋、元、明各种藏经配补。

八 读书、校书、编书、印书、购书

　　徐森玉出身于刻书世家，用读书、校书、编书、印书、购书，可展现他的青灯黄卷、缥缃书香的人生（图四二、四三）。

1. 校残宋本《水经注》

　　1923年，校残宋本《水经注》。《水经注》传世有校景宋本及《永乐大典》本，其宋椠本原帙三百多年不见于藏书家著录。1916年春，上海书肆忽现残帙六卷，缺损已甚，但实为北宋原刊，李盛铎看到此甚为惊叹，曰："真秘籍也。"又说："为乾嘉以来诸老所未见，皆内阁大库物也。"徐森玉校读一遍，并传录一本送给李盛铎。对徐森玉校的书，李盛铎极为称赞，说："森玉校书精细，不减邵郎山、劳季言矣。"徐森玉用朱笔校后并写一跋，云："《水经注》每半叶十一行，行二十字不等。存十六至十九，又四十，共五全卷。又三十九仅存后五叶。全书逐叶皆有霉烂缺蚀之处，一一朱笔钩出，不使与所存文字相混也。各卷版口间刻工姓名聚写如下：施宏、陈高、蒋晖、洪茂、朱琼、洪辛、胡端、洪乘、李荣、施蕴、方择、吴礼、洪新、洪先。受业徐鸿宝校讫谨记。"

2. 疏通白云观影印《道藏》

　　《道藏》为道家的经典集成，自东晋以降流传较多。宋代《云笈七签》曾入苏州旧道藏经本及台州旧道藏，千余卷，是题为《道藏》之始。明有正统《道藏》，万历《续道藏》，分为洞真、洞玄、洞神、太玄、太平、太清、正一七部。最初是在1918年3月，由傅增湘提议影印《道藏》。其时傅增湘任段祺瑞政府教育总长，张元济赞成进行。不久，北京白云观陈方丈到上海，张元济陪他去拜访上海白云观闾方丈，商定借照。但不久闾方丈又变卦，因有董事陈、葛二位指使拒借。那位陈董事是经营旧书业的，以为石印书籍必有很好的销路，欲藉此居奇。1918年10月30日，张元济在给傅增湘的信中写道："即令倍蓰，实难满其欲壑，故去信竟作拒词，看其下文如何。"

孟真先生賜鑒 菴奉

手教敬審

起居多祜歷乃所企　王緩珊遺書實曾為北平圖書館購宋本三

種　紹興本白氏文集棚本甲乙　蜀刻本蘇文定公集五卷之三
為故宮購一種　宋本四明志七八兩卷淞　與朱富藏缺本配全　其時正金

潮狂漲而計算金價仍照去臘官價王氏以為得價太低遂記杭貴朱菴

人將日錄全徐呈諸　主席交教育部估價　朱與傅繼宣自謂得計先生

爛代媒為中宋本通鑑實屬託人向王氏商議均張大其詞迄無結法

燦真地　諸金部
承

果近教。王氏昆季及米菴人皆往杭州修墓須俟渠輩回滬始能

再商通鑑共百四十冊閱廿五卷之九葉傳是樓鈔補完全　毛鈔為兩

浙東路茶鹽司公使庫下給興府餘姚縣刊本鐵琴銅劍樓書目

著錄

來示已逾半月恐勞

記注牧特遲復一緣因上陳所希

垂詧專此肅詣

弟　徐鴻寶再拜　四月十三

四二　徐森玉致傅斯年信。信中谈及关于为北平图书馆购书
　　　一事

11月30日信又谈借《道藏》事，张元济在信中写道："此间复信去后，陈、葛竟无回信，想其希望甚大，且陈君在同业相忌之意，又不仅在募捐耳。"事情发展到这种地步，张元济感到无可奈何。张元济本来打算印《四部丛刊》，这时要着手开办，但印《道藏》之事尚无办法，再者印《四部丛刊》，同时断难再印《道藏》，只好作罢了。虽然如此，张元济对影印《道藏》的事并没有放下。此事一搁就是两年，其间傅增湘因闹学潮，辞去教育总长之职。实际上，促成影印《道藏》的关键人物还是徐森玉。在此之前，张元济致傅增湘信

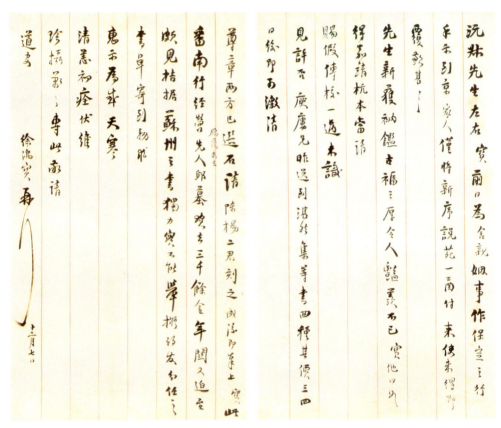

四三　徐森玉致傅增湘信。信中谈到因手头拮据，购书力不能及

中已经谈及："伯恒来信谓徐森翁甚忙，照书事尚未与老道接洽"，"望催森翁为幸"。因为此时徐森玉常往白云观修炼，有时就住在白云观。张元济1928年8月21日记云："徐森玉来信，已访陈道人，即属照信稿投写。"

　　白云观是道教北宋始祖邱长春的道观，他死后亦葬在那里。白云观所藏的道藏经板数量极为可观，从易经开始，继以老庄，除儒家以外的墨家、名家、法家、杂家、兵家等，特别包括医学、武术。以中国的藏书而论，《四库全书》为第一，《大藏经》（佛学）为第二，《道藏》为第三。

　　徐森玉在拜访白云观道长之后，原来收藏《道藏》的寺观正拟募资建殿宇，如能捐助匠工，便是护法，诸事都易商量。方丈的意思很明确，要先得现款，其他以捐助工匠，不想于书中加价。张元济得到这一信息，便说："既要得钱，何以不早说，其闷损人也。"张元济 1920 年 2 月 17 日记云："徐森玉来，晚到东亚旅舍答拜，交去印《道藏》约稿一份。"

经过这样许多周折，直到 1923 年，《道藏》残本才装箱南运，徐森玉亦同车南来，并带来傅增湘对印《道藏》的意见。张元济在 1923 年 2 月 3 日给傅增湘的信中说："森翁来，藉悉起居安善，日事丹铅，甚慰甚羡。《道藏》办法森翁已详细见告，自当遵办，推销方法只能专用感情，森翁亦详述。"

1923 年 4 月 15 日，张元济又致信傅增湘，从信中可得知《道藏》已经影印出版，可见商务印书馆工作效率之高。商务印书馆的出版方式，是边预订，边出版。在张元济写信的时候，才出售三十一部。张元济在信中说："但欲印百部，必须出售六十部，否则尚垫本。今之阔人费去数百元真不过是沧海一粟，想此事总不至无希望也。"

徐森玉除了影印《道藏》给张元济支持之外，还在商务印书馆出版古籍丛刊时，利用掌管图书馆之便，为商务印书馆影印古籍做了许多填平补缺的工作。商务印书馆在出版《百衲本二十四史》时，徐森玉在借书、校书方面给予了许多帮助。

张元济在给傅增湘的信中谈影印欧阳修《居士集》时，屡说得到徐森玉的相助。傅增湘致张元济信云："若公主持影印者，其事从速为好。缘徐森玉刻尚未交待，可以通融。若入新人之手，又费口舌。"张元济致傅增湘信云："欧阳集叶数已收到。在京补照五百八十一叶，何以需千有余元之多，此必派人到馆摄照干片，此却太苦，森翁在馆，倘能借出在外照湿片当较廉。"傅致张信又云："欧集已计议否？要紧在先照缺卷，趁在森玉手中较易办理也。"张致傅信云："徐森翁处已接洽妥帖，缺卷借出影照，可省周折不少，欣感之至。"张致傅另一信云："居士集缺卷向图书馆借去，交伯恒影照，想已着手，甚希徐森翁能始终其事也。"在工作上，能与人方便时徐森玉都给人以方便，能帮忙时则均给予帮助。

张元济于1929年读傅增湘的《百花山游记》，知道徐森玉为方虎的后裔，就写信给徐森玉，历数两家"先辈缔好、觞咏频仍"。接着写道："以上所举未知于阁下是何行辈？尚祈见示。尊府当有宗谱，可否祈惠假一阅，俾两家戚谊得以绝而复联，且可续吾辈之称谓，幸何如之。"张徐两家的亲缘续得如何，我们无从知道，但在影印古籍上，两人有许多沟通。张元济在这封信中继续写道："再弟拟辑古本正史，搜罗已十余年，近渐就绪，前在北平图书馆影得宋刊残本多种。近日检查，稍有遗漏。思遣人北来补照。此为流通古籍，我兄主持馆政，敬祈允许，谨候示遵。"

3. 影印《北山录》

徐森玉在教育部做佥事时，曾得两本不全的《北山录》，合之则成完璧。为了使此书传之于世，即委托商务印书馆影印。

《北山录》为唐梓州慧义寺沙门神清撰，共十卷，西蜀草玄亭沙门慧宝注。半叶十二行，行十二字。书前有熙宁元年五月十二日沈辽序，凡分十六篇，曰天地始，曰圣人造，曰法籍生，曰真俗符，曰合霸王，曰宗师议，曰释宾问，曰丧服问，曰讥议说，曰综名理，曰报应验，曰论业理，曰住持行，曰异学，曰外信，基本上是一部类书。马叙伦称此书"附会三教，而指归于禅佛，辞极朗丽，盖沙门之有文采者也"。张元济说："此书极难得，海内恐无第二本。"徐森玉当时在北京，影印《北山录》直接联系的是傅增湘。徐森玉对影印的诸多事宜包括用纸都提出具体要求。在张元济、傅增湘的往来书信中，时常提到此事，或谈选用纸张，或谈开呈估价单，或谈所摄玻璃片不合，需寄原书重照等。张元济致傅增湘一信云："又《北山录》专用东洋棉纸印五百部，亦估定一单，并样张尺寸附上，统祈察入。"此信写于1919年1月29日。这种用东洋棉纸影印的书，徐森玉曾赠马叙伦一部。马氏在《读书续记》中有记载。

4. 购《金瓶梅词话》

1931年，徐森玉与袁同礼、赵万里等集资，为北平图书馆购入明万历丁巳（1617年）刻本《金瓶梅词话》一部，计一百回，并以古佚小说刊行社的名义，影印了一百二十部。当时鲁迅在上海亦购了一部。后被富晋书社翻印谋利，涉讼法庭。雷梦水在《为了保存古籍》一文中对此事有详细记述：

"抗战前，琉璃厂旧书同行多循旧例，常去山西各县购书，那里是小说戏曲等旧书的流散地。自清代以来，山西各县商人多经营银钱庄行业，富于财，购书亦多精品。但其后人多败落，子弟也不知重视古籍，廉价售出。北平旧书行业不断去访求，常有重大收获。1931年左右，琉璃厂的张修德以廉价购得明万历丁巳（1617年）刻本《金瓶梅词话》一部，计一百回，原题明兰陵笑笑生撰，半页十一行，行二十四字，不见诸家著录，系孤本。以百元售归文友堂"。

"文友堂得此书后，轰动了文化界，北平图书馆馆长徐森玉先生闻讯，捷足先至，而该店主人将书隐藏，并编造谎言，诡称书主已将原书索回，并谈及此书曾摄影两张，以代书样，实售2000元，而且要求先付款，后取书。当时北平图书馆购书费不足，文友堂一向又同日本文化界有来往，遇有善本便以高价售归日本，因而激起文化界的公愤。后有人以爱国锄奸的名义书写字条贴在一枚炸弹上，置于该店门首，以示警告。该店主人畏惧闯祸，经过再三磋商，终于以1800元之高价成交。北平图书馆虽是国家单位，竟筹款困难，乃由袁同礼、徐森玉、赵万里诸先生筹资购入，遂以古佚小说刊行社的名义将它影印出来，每部定价100元，以所得利润补偿书价。当时鲁迅先生在上海亦定购一部"。

"不久，琉璃厂富晋书社为了谋利，暗将此书影印，被北平图书馆察觉。该馆为维护版权利益而兴讼，经判予以处罚，并封门停业数日，方才解决"。

"新刻金瓶梅词话一百回二十册（北图）明万历间刻本〔十一行，二十四字（227×137）〕，明兰陵笑笑生撰。按此为海内外孤本，自北京图书馆购藏后，1933年由古佚小说刊行会影印百二十部，并从通州王氏借得新安黄刻图像，印附书后。兹重制影片，仍依影印本图像，摄载书末。笑笑生不详何人，疑是书即为万历间笑笑生所作，旧谓影射某人某人者，皆不足信也。薛冈《天爵堂笔余》卷二云：'往在都门，友人关西文吉士以抄本不全《金瓶梅》见示，余略览数回，谓吉士曰：此虽有为之作，天地间岂容有此一种秽书！当急投秦火。后二十年，友人包岩叟以刻本全书寄敝斋，予得尽览。初颇鄙嫉，及见荒淫之人皆不得其死，而独吴月娘以善终，颇得劝惩之法。但西门庆当受显戮，不应使之病死。简端序语有云：读《金瓶梅》而生怜悯心者菩萨也，生畏惧心者君子也，生欢喜心者小人也，生效法心者禽兽耳。序隐姓名，不知何人所作，盖确论也。'薛冈所见，殆即此刻本，故备录之，冀或由包岩叟一名，以踪迹撰人真姓氏也。欣欣子序，廿公序，弄珠客序。万历四十五年"。

万历原刊《金瓶梅词话》现藏台湾。20世纪80年代，谢稚柳从香港购回两部《金瓶梅词话》，一部赠叶笑雪，一部赠郑某，上盖有傅斯年图章，大概即是用傅孟真所藏1933年古佚小说刊行会的影印本翻印的。

5. 参与收购李盛铎藏书

1937年3月2日，《胡适日记》有记，与徐森玉谈话。谈话的内容即是收购李氏木犀轩藏书议价点交事。

5月26日，《胡适日记》又记：守和为李木斋家藏书事邀吃饭，客人为李氏三子，家浦（少斋）、家淮、少微、董授经先生等。李家原索价八十万元，政府已许三十万元，现李家减至五十万元。今夜我提议以四十万元为折中之价，至席散时尚无成议。

6月15日，《胡适日记》再记：下课后，上车到天津，袁守和到站接我，晚饭后来李木斋宅去看他的遗书。李氏兄弟搬出他家善本书，赵斐云记录，守和、徐森玉与我同看。到半夜始散。寓裕中饭店。

李盛铎（木斋）（1859～1934年），江西九江人，曾任京师大学堂总办，山西布政使，山西巡抚，庚子年出使日本钦差大臣。民国改元后，任总统府外交一等顾问，约法会议员，参政院参政，农商部总长，南浔铁路总理，参议院议员等职。李氏五世藏书，木犀轩为其斋名也。其质与量，可谓当今海内私人藏书家之首。1934年2月4日，李氏在天津布秋山街201号寓所逝世。嗣后某国方面觊觎宝藏，迭次拟以重价收买李氏全部藏书，李氏哲嗣以不愿国宝外流，

遐
庵

四四　叶恭绰致徐森玉信。信中谈及为北平图书馆收购李盛
　　　铎家藏敦煌经卷一事

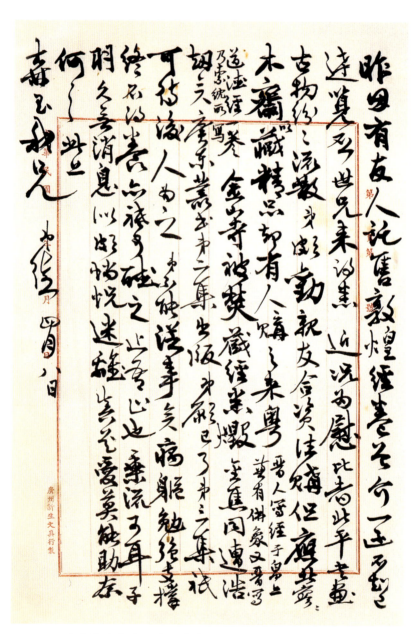

四五　叶恭绰致徐森玉信。信中谈及收购李盛铎家藏敦煌经卷一事

没有答应。这次商谈的结果，总价为四十二万元，但家属坚持要五十万元。胡适也没法确定五十万元的价位。不过，他答应趁参加"庐山茗叙"，向蒋介石陈述。最后，满足了李氏后人的要求，将其藏书归入北京大学图书馆。

1950 年 1 月，徐森玉建议郑振铎收购天津李盛铎家藏敦煌经卷（图四四、四五）。此事可见郑振铎 1950 年 1 月 25 日致夏鼐信：兄信里提到的李家敦煌卷子事，我们为什么不收买呢？这有原因。这批卷子是森老介绍的，我也和李氏主人见过面，国家不可能买他的，因为李某在敌伪时代做过重要的官儿，在解放前才被释放出来。如由国家收买他的东西定会发生问题，即他本人的刑期未满问题和财产没收问题。弟等为了森老的关系（森老是李木老的门生），不便声张出去。故非无力也，是不可能也。至于弟自己则力量有限，虽羡慕不已，而无力得之。现此批卷子已落在商人手中，不久即可由北京图书馆收得。知念，特以奉告。

6. 参与影印国藏丛刊

1937 年 5 月，由北京图书馆发起与故宫博物院、北京大学、中央研究院历史语言研究所联合委托商务印书馆影印国藏善本丛刊，经数月之后，商洽业告完成，并签契约。此事可从傅增湘给张元济的信中得知。

1937 年 5 月 11 日，傅增湘致张元济信云：菊公前辈阁下，昨日守和、森玉、庾楼、斐云诸人集于馆中，商定《国藏丛书》目录事，决定删去大部者数种，加入十数种，以冀仍符千册之数，兹述其大略，祈酌采定是幸。增湘拜启。

5 月 14 日信又云：依此增减，约计不过五万页。岫兄谓改为八百册，亦属相宜，草草奉复。统祈转达守和、森玉、庾楼、斐云诸君子，酌核见示。时日甚促，并盼速复为幸。

7 月 7 日，卢沟桥事变爆发。9 月 12 日，傅增湘又致信张元济云：菊公惠鉴：连日酣战，闻极猛烈，居人震恐可知。尊宅距离尚远，谅能安寝。租界地狭人稠，食用能否支持，有路可输入否？极用系念。沪市族戚友人至多，开火后只得林子有一函耳。祈略述大概，以纾远念！老厂损失如何？印刷停工否？善本丛书仍续印否？《国藏丛书》大可作罢，嗜书如下走者亦袖手矣。侍增湘拜启。

　　10 月 1 日，又致信：菊公台鉴：善本丛书能否续印？《国藏丛书》自宜展缓矣。手此即询台祺。侍增湘拜启。

7. 选编《玄览堂丛书》

　　1941 年 7 月，结束了在孤岛上海抢救古籍善本的工作之后，徐森玉回到重庆即考虑选编出版《玄览堂丛书》的事。在收购古籍善本时，徐森玉就发现其中不乏秘籍孤本，尤以明代史料孤本为多，深恐在战乱中转运遭受不可抗力的损害，遂选择若干孤本，随时摄成照片，以备陆续出版，以广其传。

　　《玄览堂丛书》定名的由来，还须从他在上海抢救古籍时说起。当时收获的善本，为便于识别，须钤盖印记。因为上海已经沦陷，不能由当时的国立图书馆出面。徐森玉和蒋复璁等人商议，采撷陆机《文赋》："伫中区以玄览，颐情志于典坟"之句意，遂以"中枢玄览"四字，请金石名家王福庵镌刻朱文方形石印，钤盖其上，隐寓他们这些有识之士虽居玄冥之地，仍能远览万物，留意于坟典。

　　《玄览堂丛书》的出版由徐森玉先生主持，选择若干孤本，随时摄成照片，以备陆续影印，而广其传。第一批选印三十三种，装订成一百二十册，命名曰《玄览堂丛书》，凡明刻二十六种，清刻一种，明清旧钞六种。自文献言之，除元代一种外，概属明代史料。卷前首冠《玄览居士序》一篇，即系郑振铎和徐森玉商讨后写成。《玄览堂丛书提要》由顾廷龙执笔，徐森玉改定。序题"庚辰夏"，末记题"庚辰六月印行"。庚辰为 1940 年，推前一年者，图避日方耳目也。

　　徐森玉等为《玄览堂丛书》所写的序云：文史之厄，无代无之，为古书延一线之脉，作续命之汤，俾国史不至无徵、弘文籍以不朽者，赖有好古之士刊布不绝、传钞未已耳。姚士序《尚白斋秘笈》云："吾郡未尝无藏书家，卒无有以藏书闻者，盖知以秘惜为藏，不知以传布同好为藏耳。何者？秘惜则箱囊中有不可知之秦劫，传布则毫楮间有多处相传之神理，此传不传之分，不可不察者。然所谓不可传布之说有四，大抵先正立言，有一时怒而百世兴者，则子孙为门户计而不敢传。斗奇炫博，乐于我知人不知，则宝秘自好而不肯传。卷轴相假，无复补坏刊谬，而独踽还癖一谚，则虑借钞而不乐传。旧刻精不整，或手书妍妙，则翻摹致损而不忍传。一日三灾横起，流烂减没，政犹重宝脱手坠入深渊，无复得理。纪映钟等徵刻唐宋秘本书启云：窃唯访西阳之逸典，遥集廑怀；搜芸室之遗编，流通是急。虽帐中鸿宝独乐，熟若与人。即世守家珍，名山应存副墨。昔宋宣兼杨毕二家之蓄，亦云富哉。叶少蕴筑川山庄以居，允称固矣。而皆不免沦亡，流于散佚。蓼塘之手钞曷在，尤氏之书目岂存？皆由后人不知爱鼎，同事罕为抉轮。俾圣贤宪言垂世，恭天命而植民彝之意澌灭无闻，此洪容斋、魏鹤山之所叹也。今世变方亟，三灾为烈，古书之散轶沦亡者多矣。及今不为传布，而尚以秘惜为藏，诚罪人也。夫唐宋秘本，刊布已多，经史古著，传本不鲜，尚非急务。独无明以来之著述。经清室禁焚删夷，什不存一，芟艾之余，罕秘独多，所谓一时怒而百世与之立言。每孤本单传，若明若昧，一但沦失，便归澌灭。予究心明史，每愤文献不足徵，有志搜访遗佚，历数十年而未已，求之冷肆，假之故家，所得珍秘不下三百余种。乃不得呕求其化身千百，以斯长守。力有未足，先以什之一刊布于世，其有佚文阙叶、无从钞补者，则亦听之。呜呼！杞忧正殷，成书快楮。幽光发于乙部，寿世脱于三灾，秦火未尽，鲁壁犹存，先哲之灵，实呵护之。庚辰初夏玄览居士书。

8. 编《四库全书珍本》(初集)

1934年，中央图书馆奉令草拟影印《四库全书》未刊珍本目录，先征求专家意见。然后组织影印，《四库全书》未刊珍本编目委员会，由南京国民党教育部函聘陈垣、傅增湘、张元济、董康、柳诒徵、赵万里、袁同礼、李盛铎、徐森玉、刘承幹、徐乃昌、傅斯年、顾颉刚、张宗祥、马衡等十五人为委员。经讨论，将书名定为《四库全书珍本初集》，计二百三十种，大者为明以前书籍，其余明清时代有刊本而流传极少之书籍尚不下三四百种，拟陆续影印，称《珍本初集》。

九　孤岛古籍善本大抢救

1. 文献保护同志会的成立

"孤岛"时期的上海，人心惶恐，一些家藏珍本秘籍的人中，不少人为生计所迫，抛售善本书，也有售书换钱避往海外的。此刻，上海成了南方最大的古籍聚散市场。北方书贾、日本人、伪满及尚未受战争波及的美国各大学，几乎都派人携巨款来上海物色奇货。面对祖国典籍蒙劫，文化界人士如商务印书馆张元济、暨南大学校长何炳松、暨南大学文学院院长郑振铎、光华大学校长张寿镛等，于1939年12月6日给重庆方面去电，向陈立夫、朱家骅建议，为了抢救文献，保存国宝，在沪设立收购小组。朱家骅也认为，书籍文献之散失，"较之失地，尤为严重。因为战争时期，失地尚可收复，文物散失不可复得"。于是决定将中央图书馆存在中英庚款董事会尚未领取的一百数十万元建筑费，作为采购善本经费。不久，朱家骅派蒋复璁（慰堂）去上海，与张元济、张寿镛、张凤举、何炳松、郑振铎等商议收购事宜。年底正式成立文献保护同志会，着手收购流散在沪港两地的珍籍善本，抢运重庆。

对此，蒋复璁在回忆录中写道：1940年的冬天，在重庆的教育部及管理中英庚款董事会接到国立暨南大学校长何炳松、私立光华大学校长张寿镛及其他教育学术界许多位先生由上海寄来的信，据告上海有大批的珍贵典籍，如不采购，就要流入异域。于是管理中英庚款董事会董事长朱家骅先生决定收购，因为国立中央图书馆有该会补助的建筑费一百余万元留存在那里，此时法币已开始贬值，朱先生认为在长期战争的情况下，币值是一定要继续下跌的，如等到回京再用，恐所值无几，不如用以购书。……此时教育部长陈立夫先生出巡在外，顾毓琇先生以次长代理部务。他赞同朱先生的主张，派我到上海与诸先生商洽，在沦陷区购书。立夫先生回部，也赞成此事，表示全力支持。

蒋复璁由重庆到香港，再到上海，他在上海前后过了九天，如老鼠偷油，在油罐里转了转，便悄然溜走，回重庆复命去了。蒋复璁在《珍帚斋文集》中自述云："我回重庆，教育部有人对我说你为什么这样快回来了？我们正想叫你在上海视察学校呢。幸而这个命令没有接到，后则如何，很难想象。……敌人知道我到了上海，到处找我，等查到一点影子的时候，我已离开三日了。"重庆国民政府教育部无奈，拟请徐森玉担此重任。

2. 尘装甫卸，再度出山

为故宫博物院文物南迁的奔波，徐森玉本已疲惫不堪，要他再度出山赴沪抢救图书，是实难应命之事，本欲推脱，但是那种对中国典籍护持之情难泯，还是应命出山。他在行前给傅斯年写了一信（图四六）。信中云：迭录适之先生来书，藉悉勤心物务，夙夜在公，缅想起居，幸加珍摄。汉简两度移出危地，皆由先生指挥提挈所致，宝不过备奔走之役，适之先生奖饰有加，殊觉汗颜。中英庚款会为中央图书馆搜罗旧籍，杭立武先生来函意欲宝赴沪一行，协同审定。尘装甫卸，本拟辞却，总思会中储得巨资为此馆创建基础，傥选择不慎，必多虚耗。宝以驽下之驷，缪许识途，似宜略竭智能，以补其不及。且慰堂兄长与北平图书馆微有隔阂，宝若参加此事，则知己知彼，于平馆亦有裨益，遂改计复函应允之。唯鄙怀仍有犹豫，兹特驰函奉询，乞赐指南为祷。此间洞左会诗寮等处房屋，军委会电务股业已放弃，得济之先生函电，嘱代保管。十日前突有四十九师自桂来此，将各屋占据，制止无效。昨日开行后，又来病兵数百，终日喧阗杂沓，穷于应付，颇以为苦。将来中央博物馆箱筐运到，必费一番唇舌也。

1940年冬，在岁尾年初之际，徐森玉再度受命出山，秘密到上海参加此项抢救工程。他抵沪后，下榻在海关工作的胞弟徐鹿君家，行装未卸即去访郑振铎。郑振铎约张寿镛备素席接风。接风酒所以设素席，因徐森玉是著名佛学家，法相唯识学大师。他参加周叔迦的"三时学会"，寓居学会之南一庵内，很少回家，与韩清净居士讲演唯识论，是个已近出家的老居士。徐森玉于1940年12月7日来沪，

孟真先生左右前接

逸録適之先生来書籍志

勤心物務夙夜在公溯想

起居辛苦加珍攝漠簡兩度移出危地皆由

先生指揮提挈府政寶不過備奔走之役適之先生獎

飾有加殊覺汗顏中英庚款會為中央圖書館蒐羅當

籍杭立式先生来兩意欲赴港一行協同審定塵埃

甫部本擬辭部偕思會中諳習巨資為此物邰速基礎

懷遜擇不博必多塵耗寶以驚下之馳驟許識途必宜

暑謁吾能以補其不及且愿堂兄書與北平圖書館徵有

陽閣寶若参加此事別如已知彼柱幹館必有裨益遂政

計後商疾允之惟鄙懷仍有稠緣呂持馳南奉詢之

賜指南為禱與間洞左會詩寒等鼓房居軍委會電務

股業已攺量得濟之先生面電囑衍保管十日前寅有四

十九師自桂来此偕多屋占擾制止無效昨日間行俊又未病

兵敷百終日喧闐雜唇窗形廳付嶔以多苦拝中央博揚

館稿尚運到忽贅一番唇舌也專此敬請

鈞安

卓徐鴻寶謹啓

十月五日

四六　徐森玉致傅斯年信。信中谈及关于赴沪抢救图书一事

至 1941 年 7 月 24 日离开，先后逗留了七个多月。

徐森玉到沪后，讨论决定由张寿镛负责版本与价格的审定，何炳松负责经费收支，郑振铎负责和书商及藏家接洽，并兼管图书的保管、编目，张凤举参与采访，叶恭绰则负责香港方面的收购及主持由沪运港精品的转运事宜。张元济虽早声明"不与之办事之列"，但对收书情况仍多有咨询。

3. 郑振铎说：有徐森玉这样的版本专家指导，诚幸事也

对徐森玉来沪，计划将上海收购的善本书籍以香港为中转站，运往重庆，或再通过驻美大使胡适的联系接洽，转运美国国会图书馆，以免日寇劫掠。对此郑振铎极为高兴，他说："森玉先生为版本专家，有许多事可乘便向他请教，诚幸事也。"又说："森玉先生品格极高，且为此事而来，似无事不可对他谈也。"有这位版本学家坐镇，郑振铎在版本鉴定方面壮大了胆量。遵照重庆方面的指示，徐

森玉向郑振铎等索取购书的约略统计，这其实是例行公事，因为在购书的每个自然阶段，总要造账目、编书目，做一个小结向重庆方面汇报。在这七个月中，徐森玉向重庆方面写了九份报告。

重庆和上海双方，上海这方面是以郑振铎为代表，重庆方面是徐森玉代表朱家骅、陈立夫和蒋复璁。徐森玉遵照重庆方面的指示，第一件要做的事就是查点以郑振铎为代表的收购小组所购的书。这里面的详情我们已无法知道，只能从郑振铎写给张寿镛的信中得知一些信息。

1940年12月23日，郑振铎致信张寿镛：前日谈尚畅！现拟与森玉先生再谈几次，希望他能早日将已装箱之书加以点收，以免装运时临时匆促。他本负责运输，点收当亦为其所负责任之一也。在运出之前，非详加点查不可。将来每一箱查毕后，当由森玉先生及我共同签字贴封为凭。如此，责任便可分明也。

1940年12月26日，郑振铎致张寿镛信：昨与森玉先生谈定，已允点收所购各书。此事极为琐碎麻烦，恐至少须费一二月之力。

1940年12月29日，郑振铎致张寿镛信：森玉先生昨午来敝寓，曾将此电交阅。关于"协助采购"事，彼已欣然应诺，诚可喜也。

1941年月1月22日，郑振铎致张寿镛信：日内已约定森公点书，每书目片上，均盖印（一徐一我）二章为凭。所欲影印"书影"及"全书"者即可就便找出，以省手续，是否有当，尚恳示知。

应郑振铎的几次要求，徐森玉欣然允诺协助他查点所购之书，自此徐森玉参加了收购工作。他们两人遍访刘氏嘉业堂、邓氏风雨楼、沈氏海日楼以及李氏径山藏等江南著名藏家，有计划地搜罗善本。他们成月在尘封的故纸堆里鉴别挑选，不辞辛劳。12月30日，郑振铎致张寿镛信中又说："昨偕森玉先生赴中国书店金（颂清）君宅中，观海日楼书，佳者颇多，甚惜未全部购之。然其精品，则尽已为我辈所得矣。"此为嘉兴沈曾植藏书，散出后为中国书店所得。12月31日，郑振铎致张寿镛信：昨与森玉先生选定合肥李氏书十余种中，以明刊本《径山藏》两千两百余种最为巨观（附樟木箱二十四只，极佳，可值千元）。此外明人集罕见者亦有数种。会通馆活字本《白氏长庆集》亦不贵，并有《清史稿》普通应用书。选择标准颇严而精，计其价洋6770元整。

1940年12月30日，郑振铎致张寿镛信：今日下午，又须偕徐先生往金君处阅书。盖我辈如不早选，则必为平贾辈所夺也。其中普通书，尽有难得之本，而抄校中，佳者尤多，皆彼辈所未尝发现者。昨晚见到《干禄字书》，为段茂堂手校，并有跋语，已极为留之，实不宜失之也。

1940年12月31日，郑振铎致张寿镛信：今日下午又偕森玉先生赴金宅阅书，略选普通者若干种。因太多，尚未完全阅毕，尚须再去二三次，总以无遗珠为主。

最为麻烦的是收购刘承幹嘉业堂的藏书，在收购的价钱上，刘承幹和徐森玉、郑振铎在讨价还价。但是，徐森玉说，为爱书计，我们不能不吃些亏。所以会产生讨价还价问题，其中一个原因就是法币贬值。比如刘氏藏抄校本三十六种，送给张元济估价，他说："如今法币价值跌落，书价当涨至原价十倍"，因此刘承幹在卖与不卖之间颇为动摇。最后，还是由嘉业堂藏书楼主事人施韵秋从中说合，刘承幹才愿意把这批抄校本出让。刘嘉业堂藏书，郑振铎恨不得把善本佳抄收购净尽。还是徐森玉对藏书家宽厚，他说："以少收为宜"。

1941年月1月20日，郑振铎致张寿镛信云：顷与何先生偶然谈及购书事，似应以刘家书为一结束，不宜"旷日持久"。且森公亦不能久住，势须在一二月内有一"总结果"才行。兹拟就一电，何、徐二位均已同意，特奉上，请指正。如同意，请签字发还，以便拍发。

1941年2月20日，郑振铎致张寿镛信云：刘氏以早日解决为宜，故去函王君，托其将书款一次汇下。连日正偕森老赴刘处阅书，大约一星期内或可全部阅毕。届时当向先生详细报告，再做最后之决定。

1941年4月15日，郑振铎致张寿镛信云：刘事反复无常，变幻百出。昨日几生意外。书主欲加殿版《图书集成》一部，共索三十万。当即答以三十万可付，唯须取他书，《图书集成》不要。又问，如仍以四十万购前单之目，可仍照付否？当答以可付。彼乃无辞而去，唯坚持二十五万之数。经与何、徐二公一商，已允二五之数。此事总算定局矣。好在相差只一数，想先生必可同意也。昨日下午已去点书，今明尚须续点。点毕，即可付款取书矣。付款当遵尊意，开零星支票若干张，以免人注意。乞勿念。

他们花了大半个月时间看刘氏嘉业堂藏书，从一千八百部明版集部书中，挑选了一千两百余部佳品，及一些抄校本和宋元本。

1941年2月17日，郑振铎致张寿镛信中叙述：连日偕森公至刘处阅书，明版部分已阅毕，甚感满意。佳本缤纷，如在山阴道上，应接不暇，大可取也。谨先奉闻，一二日后，当往续阅其抄校本部分。此事如告成，则算我辈大功成就，殊可休息一下矣。

1941年4月17日，郑振铎致张寿镛信云：刘款已付讫，并已取得临时收据。书今年可运来一批，当即行转某某处分别储藏，乞勿念。所云房间，未知已租定否？乞示。如无希望，当即设法进行他处矣。因现在处所，万万放不下刘书也。

1941年4月19日，郑振铎致张寿镛信云：刘书昨已运藏某处一批。今午续到时，即可再运一批至王宅储藏矣。明日可再若干分储某某二处。分藏四处，当可放心。"科"、"王"二处，似均须保险，盼先生便中即着人代办一下为荷。每处均保十五万，如何？乞裁决。

1941年4月21日，郑振铎致张寿镛信云：保险事分作两批托人办理最妥。刘书已于前日下午运毕。当即藏他处，堪释念也。

经徐、郑两人这番挑选，嘉业堂古书精品当尽去，第一流版本学家漏眼的事，应如佛经里所说的龟毛兔角。

嘉业堂善本捆扎成二百五十七个邮包先寄香港，其余的明清善本打成一千七百一十个邮包再寄一次。另有三千二百余部明刊本、抄本等，随后陆续邮寄香港大学图书馆，由许地山、叶恭绰负责收存。其中打包、邮寄工作就化了近两个月，工作量之大由此可见一斑。当时唐弢在邮局工作，可能由他相助，数千个邮包才得以顺利寄往香港。这批书在香港沦陷前不及移出，被日本海军陆战队作为"战利品"劫往日本。抗战胜利后发现在"帝国图书馆"，经追索取回，今存台湾"国立中央图书馆"。

蒋复璁在《我与中央图书馆》一文中说：1945年九月我回京后，立刻又到上海去查看在战时所购的珍本图书，并委托我国驻日军事代表团代为查访被日本掠运去的善本书。总算皇天不负苦心人，这批书被我代表团的顾毓琇先生在日本帝国图书馆找到，经与日方协商后收回，先后陆续运回南京，失而复得，弥足珍贵。

4. 运书之秘，世莫得闻

徐森玉此时虽然归心似箭，但在离开上海之前，还是去宝礼堂看望藏书家潘宗周（明训）及其儿子潘世兹，并看了宝礼堂所藏宋椠元雕一百二十种，一饱眼福。郑振铎极为感叹："以宋版论，盖不在南瞿（常熟铁琴铜剑楼）北杨（山东济宁海源阁）之下也。"

其时，还有八十二部属甲级文物的宋元古本待运，托邮实在不放心。徐森玉将这五百多册古本分装八大包，内衬油纸外用白布缝裹，装了满满两大箱，又设法疏通海关等层层关系，终于获准免检，直接登船载送香港。1941年7月，徐森玉随身携这两箱书由上海乘船去香港。他在香港停留到10月才乘飞机去重庆，向中央图书馆蒋复璁交差之后，即回安顺华岩洞了。这一情况，郑振铎在《求书日录》中讲得较详细：这时，已近于"一·二八"了，国际形势一天天地紧张起来，上海的局面更是一天天地变坏下去。我们实在不敢担保我们所收得的图书能够安全的庋藏，不能不做迁地为良之计。首先把可列为国宝之林的最珍贵古书八十多种，托森玉先生带香港，再由香港用飞机运载到重庆。这事费尽了森玉先生的心力，好容易才能安全地到了目的地。国立中央图书馆接得这批书之后，曾开了一次展览会，轰动一时。

八十余种国宝装成几大箱，很显眼，徐森玉是怎样通过日本宪兵和伪政府的检查哨而上邮船的？对此虽有多种说法，但仍然是个谜。有的说是通过美国领事馆，以外交档案的名义而带出的，当时日美尚未开战，也许日本人控制的海关给美国人一点面子。有的说是上海伪政府某大亨用小轿车送他上码头，日伪宪警因而未严格检查而漏网，此说亦有可能。在汪伪政府，徐森玉有许多故旧，也许采用"暗渡陈仓"的方法放行。有的说是走海关内部的线，把箱子先搞上船，此说也不无道理。徐森玉的弟弟徐鹿君就任职海关，和副关长丁贵堂关系密切，因利乘便，自然容易过关。解放战争时期，丁贵堂起义，解放后做海关总署副署长。还有一说，几年前曾两次潜回北京大学，设计躲过日本人的搜查，把滞留北大的上万枚居延汉简偷运到天津，由天津再运到上海，再运到香港的沈仲章，此时正在上海创办中国铅笔公司，是沈仲章租了一条船，又疏通了上海海关，终于获准不经检查，直接登船，运往香港。这诸多说法，到底哪个说法是真的？至今无人能知。这使我想起《史记·陈平世家》中的故事："至平城为匈奴所围，七日不得食。高帝用陈平奇计，使阃于阏支，围得以开，高帝既出，其计秘，世莫得闻。"陈平之计，终成历史之谜。而徐森玉携国宝混出汪伪时期上海海关的真相，后人仍将继续猜测下去。但是我们不应忘记，徐森玉是通天教主，交游广泛，从前清遗老，到当时政府达官、军界要员，都认识不少。而且似持交友无类别的原则，对君子固不拒，即使青红帮首、江湖好汉、绿林俊杰、所谓游侠之徒，也杯酒言欢。不过他身居文化学术界，所以自以学人居多。可能是他综合利用，得利在我，才能一帆风顺地携书赴港。

至于两大箱八十余种图书是些什么书？当年郑振铎留下了书目备查。这个书单想来早已散失，或者在某个档案中未被发现。国立中央图书馆馆史和当年重庆各报纸所刊载的那次展览会的新闻消息，也可能找到一些书的名称，这不但要花翻检之苦，有时还会劳而无功，就作罢了。这八十余种珍品，今存台北"国立中央图书馆"。

这八十余种以外的书运到香港之后，曾包机一次运往重庆，以费用高昂，未能续运。余下的书都改装木箱，内附铁皮套箱焊封防水，欲运往美国，由胡适商洽存入美国国会图书馆。但尚未运出，就发生了珍珠港事件。太平洋战争爆发，香港为日军攻占，这批图书被日本掠去。抗日战争胜利，又从日本追回。王世襄以清损委员会派往日本专员的名义，亲自参加，把一百七十多箱古籍从日本索回，后又运往台湾，现藏台北"国家图书馆"。

台北"国家图书馆"曾编印《国家图书馆善本书志初稿》，其中就包括在上海抢救的善本。该馆特藏部主任卢锦堂曾著《从抗战期间抢救珍贵古籍的一段馆史说起》一文，就笔者所见到的卢文中仅列举八种，以后还要陆续介绍。这八种善本书为：

（1）《东都事略》一百三十卷，宋王偁撰，宋绍熙间眉山程舍人宅刊本。此书是南京人所修北宋九朝帝王史，宋刻宋印。目录后有刻书牌记，声明禁止翻印，可佐证当时刻书事业的发达。

（2）《宋太宗皇帝实录》存十二卷，宋钱若水、杨亿等撰，宋理宗时馆阁写本。此为现今仅存的宋代皇帝实录，亦为馆藏最早的官书写本。书中发现有用雌黄涂抹误字，再重新写上正字；各卷卷末并记书写、初校、复校诸人姓名。

（3）《会通馆印正宋诸臣奏议》一百五十卷，宋赵汝愚编，明弘治三年（1490年）锡山华氏会通馆活字印小字本。明无锡华氏会通馆是我国铜活字印书的创制者，此为该馆现存最早铜活字印本。因属草创，故墨色不匀，行列亦参差，但在我国印刷史上的意义重大。

（4）《金石昆虫草木状》二十七卷，明文俶女士编，明万历间彩绘底稿本。文氏是明代著名画家文徵明的玄孙女。此底稿本有绘图一千三百余幅，大抵根据明代内府珍藏及文氏家藏本草图摹绘而成，为研究古代我国药材的罕见资料。

（5）《经进周昙咏史诗》三卷，唐周昙撰，影抄宋刊本。旧日藏书家特别重视宋元版，遇一孤本，常请名手影写，力求毕肖原书。此本甚至连原刊虫蛀处亦仔细勾画，又描摹清内府印记，几可乱真。

（6）《注东坡先生诗》存十九卷，宋施元之、施宿、顾禧注，宋嘉定六年（1213年）淮东仓司刊本。此本宋刻宋印，且以编年为次，考证亦称详实。清光绪末年书归湘潭袁思亮。后袁宅遇火，幸赖家人抢救，仅伤及各册周边。上海图书馆新购翁氏藏本，存三十二卷，可互补。

（7）《北山先生诗集》十卷，元周权撰，元至正间刊本。集中多周氏与当时名流唱和的诗作，写刻精美，为天壤间仅存孤本。

（8）《唐诗》七百一十六卷，清钱谦益、季振宜同编，清初钱、季二氏收辑底稿本。此大抵为剪贴明刊诸唐人集，细加校勘而成，每家又各附小传，为研究唐诗的重要文献。清圣祖御定《全唐诗》即承袭于此。

北平图书馆设有庚款委员会，由司徒雷登主持。北平沦陷前，司徒雷登不同意北平图书馆内迁，但袁同礼坚持内迁。徐森玉被夹缠在中间，左右为难（图四七）。这从他在 1938 年 1 月 27 日致袁同礼的信中，我们可以探寻到一些信息（图四八）。信云：

守和先生赐鉴：移善本书来港事，宝赍尊函多件于十六日抵沪，其时箱已制齐，书由科学社运至震旦大学者已百八十箱，是孙洪芬先生已变前所主张，不拟将书运港矣。此事责任太重，宝不便力争，只得作罢。次日司徒雷登到沪，将开执委会。孙先生忙于招待，无暇与宝等多谈。宝乘间必言南来同人从公之辛劳办事，处处有成绩，应加维持。继闻顾子刚兄有英文函致孙先生，力言平馆经费不宜停止。此函已寄至尊处，未识确否？廿二日赴花旗银行探得开会结果：一、将长沙办事处结束；二、请公回平主持馆务，倘有不便时暂由司徒代理，专事对外；三、平馆经费仍然照常付给；四、长沙同人一律回平复职。此种议事录想已寄至尊处，究竟与宝所闻有无出入，不可知也。宝向孙先生表示不愿回平，渠谓可留沪办事。将来如何分配，无从悬揣，遂于廿四日乘轮南行，廿七日抵港，暂寓新华饭店，仍拟他移。年近六旬，已无力深入内地，香港用费过大，不能久居。真可谓人间无个安排处矣，言之可叹。闻公不久来港，宝在此恭候，可一罄衷曲。宝薪水请便中赐下，盖手头款业已用尽也。匆此即请钧安。徐鸿宝敬上。一月廿七日。

同仁均此致候。

这批书既没有运往香港，也没有运往抗战时的内地，而是运往美国。这其中的曲折就不再细说。但其中的《敦煌石室写经详目》值得一记。1929 年北平图书馆成立写经组，编撰馆藏敦煌遗书目录。先后主持及参加编写的人员有徐森玉、胡鸣盛、许国霖、李柄寅、李兴辉、徐声聪、张书勋、陈熙贤、于道泉、孙楷第、朱福荣、王少云、马淮等，周叔迦亦参加对遗书的考订。至 1935 年基本完成。目录的结构参照《大正藏》《卍字续藏》，分为阿含、本缘、般若、法

四七　徐森玉致钱稻荪信。信中谈及北书南运一事

教诲　感　心闻

弟已代筆画下學期入學等事尤兄

盛意殷拳梅宛陵诗云感极反无言欲言词已竭予正石知偌仍卒谢

谅也橋川已归国

公暇及否闻外孙有已派森某来平主持東方事務橋川之職不任不

结降仰矣子植兄见面二三次性情口兄读和　弟　令嫒感化之

力疾専此即诸

招寿三叩

嫂夫人万方

賢郎令嫒陪此玖偃

　　　市　徐鸿宝　再

立春日

（二二）

守和先生赐鉴，移善本书来港事宜衡

尊函多件於十六日抵沪，其时箱已制就，青由科学社运至震旦大学寄存百八十箱

光孫洪芬先生已改变前而主张，拟特书运港，失此事责任太重，不便力事搋得

作罢次日司徒登到沪，折阅执秀会，孫先生世招待多暇，与宾事多谈宾

乘间告吉市来同人往公之幸劳办事意之方成债执加维持，恩顾无刚无有典

文函致孫先生力言平馆经费不宜停止此函已寄至

尊函告诚确否廿二起花瑰钤行探得开会结果，一将长沙办事处结束，二请

公回手主持馆务怀，古不便时暂由后代理董事对功，三平钤经费仍照常付

俟四长沙同人一律四平复职此种谊章锦想已寄至

尊处完竟上空时阅右曲出入不方知起宾向接先生表吉不顾再平运沪方留沪埠

事归未为仲于配舆经县搋逐杉廿四日飞轮南行廿七日抵港暂为暂单饭茶仍

搋他杉年此六旬已尝力深入内地香港用费过大石斛文房享昉谱人阅粤国方排

公不久来港，罗去此某假方一磬吉曲宾彩水话

便中烦下孟手致数珍珠书已用毕由此印话

钧考　徐鸿宝敬上　一目廿六

同仁均此珍候

四八　1938年，徐森玉致袁同礼信。信中谈及善本图书运港
　　　一事

华、华严、宝积、涅槃、大集、经集、密教、律部、释经论、毗昙、中观、瑜伽、论集、经疏、律疏、论疏、诸宗、史传、音义、法数、杂著、目录，附道教、摩尼教、谱箓、杂类、待考等部。千字文编号从"天"至"位"（其中天、玄、火三字空号），共8679件8738号。各号著录内容包括千字文编号、起止字、长度、纸数、行数、起止卷品和经文字句、简略提要、考订说明，与该目录配套。另附有《敦煌石室写经详目总目》、《敦煌石室写经详目检目》、《敦煌石室写经详目索引》（附《检目》）各一套。该目录具有较高的学术价值，惜未及最后定稿出版，即因日军侵犯，北平图书馆所藏敦煌遗书南迁，遂至沉没五十余年。1990年北京图书馆善本部搬迁清点，方重现于世，现藏国家图书馆善本部。

抗日战争之前，徐森玉曾在北京收了一批书，从书目中可以看出他对书的兴趣。清人精刻、精校的古籍，在徐森玉的心目中其价值不下于宋元版本。他在北京图书馆时搜集不少明清人著作。明人文集、小说、戏剧与宋元版本书均列入《北京图书馆善本书目》，抗战前夕运往上海，其后运往美国，再后又运往台湾。据闻台湾查点，其中略有遗失。清刻善本及清人著作稿本之书则编为《北京图书馆善本书目乙编》，其所藏之地为北京图书馆善本乙库。其中有许多清代名人稿本及批注本，如李慈铭、王国维批校的书，堪称琳琅满目，美不胜收。清乾嘉校本《经典释文》、毛岳生批校本《元史》全部按钱大昕《元史稿》校改，焦循的《道听途说录》、张澍的《姓韵》均是未刻的原稿本。日本投降后，徐森玉回上海定居。他与郑振铎把孤岛时期收购的其他书籍进行了一番清点，这其中，清代善本书及普通本分量很大，善本书尚有一千几百部，主要是张芹伯的旧藏。后来国民党政府接收了一部分，有些在解放后由人民政府接收。

转移版本家偏重佞宋的风气，为了读书而多搜罗清人刻本，在他之前虽也有人提倡过，但影响之广，成绩之大，当以徐森玉孜孜不倦地实践与宣扬之功为最。

5. 日记残叶见真情

徐森玉一生清淡，不留痕迹。我在写作过程中虽然看到一些别人写给他的书信，但对他的了解与认识，总有雾里看花之感。2005年5月24日，徐文堪提供了他父亲的日记残页四张，读了之后，我感到向森翁贴近了一步。他的日记是记在很小的横线条本子上的，虽是竖写，但改变了平常从右向左的习惯，而是从左向右，字写得很小。

"卢沟桥事变"的那一年，徐森玉由长沙去天津接应沈仲章，安排沈从北平抢救出来的居延汉简运往香港事宜。以往都记载是1937年9月从长沙出发，但走哪一条路线不详。现从日记残叶上可以看到是在这一年的11月14日从长沙动身，经广州、香港、上海去天津的。

日记残叶的开始记的是天津地址：天津意租界六马路五号交通货栈，电报挂号六二四七。这个地址应该是沈仲章在天津联系的地方（图四九）。

十一月十四日　夜十一时半由长沙动身赴广州。

十五日　十一时抵衡阳，下午二时十分至耒阳，六时十五分抵郴县，宿。

十六日　晨六时十五分开车，坳上以上山重水复，风景甚佳。十一时四十分至砰石。砰石车站在金鸡山下，此山极高峻，苍崖云树，下临清溪，可以登览。砰石为乐昌县所辖。二时四十五分由砰石开，泗公坑、岐门、永济桥等处，两山夹溪，山植杉树甚茂，溪水莹碧。四时半抵乐昌。远望乐昌县城气象甚雄，后有高山如屏，前有小山，山顶有一塔。六时半过曲江。

十七日　晨四时半抵广州，寓新亚酒店。八时半乘佛山轮船赴香港，三时半抵香港，寓大东酒店。

十八日　晤许地山、马季明、陈君葆（冯平山图书馆）。

廿一日　购赴天津海口船票，港洋一三五元，合法币143.61。

廿三日　晨八时上船，卤铭来送，十二时开行。

廿四日　晨八时抵汕头，对岸角石风景颇佳。下午五时开行。

廿五日　晚七时半，因风大停驶。

廿六日　晨六时开行。

廿七日　晨过温州海上。

廿八日　晨停吴淞口外候潮，十一时半入口，三时抵沪。

廿九日　晤孙洪芬、李照亭。

卅日　下午购棉袍面，圣母院路申源昌。

以后的日记散失，到天津之后的事情沈仲章文章记述颇详，这里不再繁述。

下面的日记所记是徐森玉由安顺去昆明，向傅斯年报告工作及由安顺去重庆的片段。

（八月）十九日　早四时乘车，晚六时抵开远，寓双安旅馆。

二十日　早五时半乘车，下午五时抵昆明，寓太华大饭店。

二十二日　移寓柿花巷北平图书馆，与卜少夫夫妇游西山。

二十四日　往龙头村晤傅孟真兄。

二十九日　移寓金碧旅馆。

三十日　乘邮车回安顺，晨七时登车，尖于易隆，晚宿平彝大旅舍。本日行二百三十公里。过曲靖，雷雨，至夜不止。

三十一日　晨七时开车，尖于盘县，晚宿安南中国旅行社，本日行一百八十公里。

九月一日　早七时乘车，下午一时抵安顺，即回华严洞。本日行约一百五十公里。

二日　致电李济之，告洞左房屋事（当时国民党军占用存放文物的屋子）。

十一日　领八月份薪三〇八元。

十月十二日　沪电汇来国币六百元。

十七日　领九月份薪三〇八元。

十八日　致李济之电，军队已他徙。

十一月十日　领十月份薪二百九十元。

十二日　乘公路局木炭车来贵阳，上午八时开车，下午四时抵站，寓合众旅舍，车票十四元二角，行李票五元。

十四日　购赴重庆票一张，价七十三元二角，行李票十八元。

十五日　早八时开车，行十八里抛锚，修理后至乌江渡老君关打

廿九日晚孫洪芳李照亨
聖母院縣中潘昌
三十日下午入棉花記南

十一時半入口 三時抵滬
廿七日晨造溫州海上 廿六日辰停吳淞如候潮
苦日晚七時半夜風大得駛
下午五時開行
廿四日晨八時上船汕歌 廿五日晨六時開行
對岸角石風景甚佳
三時半抵香港廣東酒店 十三時開行
八時半來倂 一三五元四三五二
廿八日晚訪地山馬李朗陳晨葆(馮平山圖書館)
六日晨四時半抵廣州富新亞酒店
山輪船赴香港
十七日晨十時有一塔 六時半逊曲江
有小山州崎有一塔

②

遠望富縣城氣象甚雄後有高山如屏前
其民居沿水堂碧 四時半抵樂昌
泗谷坑坡門永濟橋等 西山夾溪山植杉樹
研石為最昌研听糖 二時四十五分由研石
山下迎極高時蒼翠 下渡清溪石以登院
景甚佳 十一時四十分至研石
十六日晨六時乍起 研石車站在金雞
坳上以上山虗水復風

十五日十一時抵橫陽 下午二時十分至赴來陽
六時十五分抵郴縣宿

十月十四日夜十一時半由長沙動身赴廣州
天津意租界六馬路五鄉 六道貨棧
電報掛號 六二四七

十一日付劉國蓁津費四十九(本年七八月份)正友黎南
先電棉元搬運費四元
振付九龍酒店房費港洋四十八元著房費錢五
八日下午四九龍酒店移居費相翰等容舍三
蒸派人往取
七日西濱寄劉身七批書六二〇包付洋千元託劉國
二角五仙
五日記養梅換滇幣五百元(一六八五)得港幣八十四元
病坟
八月四日晚八時半接書城欠電話地山今日下午二時
三日安稽本書八包乙至歐致航空公司
三一日輪船茶房費壹十三元
二七日下午二時抵港仲章來接寓乙龍酒店

⑪

行裝本行二七公里
三十一日辰七時湖車尖柊鉴縣晚宿安南中國旅
堅夜不止
平壤平心菱大旅社本口行二百三十公里湄曲請電雨
三十日乗郵車回安順晨七時登車
二九日移居金塔旅館 安抵易陵晚宿
二十日往龍頭村晚傅孟真矣
逖西山
二二日移棚花巷北王圖書館 與卜少夫夫婦
太華大飯店
二十日早五時半乗車下午五時抵昆明廣
旅館
十九日早四時乗車晚六時抵閱遠廣雙矣

⑧

尖，汽油又罄，借汽油四加仑，勉强前行，至遵义宿交通旅舍。

下面的日记残叶所记的是1941年，在上海抢救古籍结束回香港后的情况。

（七月）二十七日　下午二时抵港，仲章来接，寓九龙酒店三一七号。轮船茶房赏费十五元。

三十一日　交精本书八包至欧亚航空公司。

八月四日　晚八时接书城兄电话，地山今日下午二时病故。

五日　托羹梅换法币五百元(一六八五)得港币八十四元二角五仙。

七日　西谛寄到第七批书六二〇包，付洋二十元，托刘国蓁派人往取。

八日　下午由九龙酒店移居般含道圣约翰寄宿舍三号，付九龙酒店房费港洋四十八元，茶房赏钱五元，电梯一元，运费四元。

十一日　付刘国蓁津贴四十元（本年七八月份），工友黎南、刘弼津贴八元（每人每月二元）。

二十二日　接桂函，知前寄二百元已收到。

三十日　早九时，请余国柱治牙。

九月一日　午前十一时复请余国柱治牙。

五日　下午移居九龙酒店一一四号。

十六日　飓风袭港，终日怒吼，有海立山颓之势。

二十四日　接桂函，旧疾痊愈（今日为旧历七月廿三日）

十月一日　购赴渝飞机票，价港币六百元，下午三时秤行李，付过重港币三十元，夜一时半赴九龙机场，三时半起飞。

二日　晨八时抵渝机场，渡江住中央图书馆(重庆两浮支路八号)。

五日　（中秋节）夜月明洁。

七日　交慰堂港币七十六元六毫五仙（旋将此款退还）*。托王堂购邮政车车票，晚九时渡江寓百子桥敦厚上段四号。

八日　晨五时至邮局囤船码头，六时登车开行，十一时半到东溪，

---

*　慰堂为蒋复璁号。徐森玉赴上海抢救收购古籍，实际是替中央图书馆办事，剩下的那么一点钱仍交还给蒋复璁，徐氏的廉洁之风可以想见。

尖饭后一时开行，晚五时车到桐梓，寓中国旅行社。

九日　晨自桐梓起程，十一时半到刀靶水，尖饭后开行，五时抵贵阳，寓合众旅舍。

十一日　访周寄梅先生，托代购往安顺车票，下午二时半购到一号车票一张。

十二日　早八时起行，尖于平坝，十二时半抵安顺即来华严洞。

二十二日　自十三日至今日，均阴雨，昨夜雨犹滂沛，今午稍放晴。

以往的文字所记，徐森玉是在1941年1月7日，随身携带古籍由香港飞往重庆，飞机起飞之后才知道重庆正受敌机侵袭，只好绕道桂林，滞留四十天才成行。读了日记残叶，我们才清楚不是这种情况。徐森玉7月由上海去香港，在香港会友、治牙病，和桂林时有通信和汇款，到10月才由香港乘飞机去重庆。

十　与庄尚严相约：
人在文物在

　　日本投降之后，徐森玉接受当时的教育部邀请，主持"教育部清点战时文物损失委员会"的工作，并聘请顾廷龙任"清点接收封存文物委员"。在顾廷龙的协助下，先制订了《清点会章程》，编写《日本所藏著名文物目录》，赴南京向军统索回该局所接收文物归"清点会"，通过联合国向日本索赔有关文物等。"清点会"的工作自1946年3月7日开始，至6月25日结束。顾廷龙6月23日日记记载："徐森玉来，拟后日为'清点会'结束，请客。"

　　1948年，中央研究院第一届评选院士，人文组候选人五十五名，徐森玉名列其中，此次评选采用的是差额办法，两人选一，选出二十八名院士。五十五名候选人名单如下（下划线为当选者）：吴敬恒、金岳霖、陈康、汤用彤、冯友兰、余嘉锡、胡适、唐兰、张元济、杨树达、刘文典、李剑农、柳诒徵、徐中舒、徐炳昶、陈垣、陈寅恪、陈受颐、傅斯年、蒋廷黻、顾颉刚、王力、李方桂、赵元任、罗常培、李济、梁思永、郭沫若、董作宾、梁思成、徐鸿宝、王世杰、王宠惠、吴经熊、李浩培、郭云观、燕树棠、周鲠生、张忠绂、张奚若、钱端升、萧公权、方显廷、何廉、巫宝三、马寅初、陈总、杨西孟、杨端六、刘大钧、吴景超、凌纯声、陈达、陶孟和、潘光旦。

　　在当选的院士中，有不少人倾向中国共产党。最具有代表性的是郭沫若，还有被国民党软禁过的马寅初。

　　1948年，中国人民解放军北占领了徐州，南占领了蚌埠，拉开了淮海战役的序幕。南京国民党政府受到威胁，已经在考虑迁往台湾诸事。故宫博物院的古物又面临着一次迁移。

　　故宫博物院隶属南京国民政府教育部。当时任教育部次长的杭立武找人酝酿故宫文物运往台湾一事。蒋复璁在《国立故宫博物院迁运文物来台的经过与设施》一文中，对此进行了较为详细的介绍：在我与杭君（立武）商定后，即往告傅斯年先生，他亦赞同。傅斯

年先生还说："赴台湾甚好，美国人是不肯丢台湾的。"当时即报告
朱家骅（骝先）先生，时先生任教育部长兼中央研究院院长。朱家
骅即嘱转达请故宫博物院理事会理事长翁文灏先生及中央研究院王
世杰先生在翁宅召开两院理事会联席会议。到会有王世杰、朱家骅、
翁文灏、傅斯年、李济、徐鸿宝诸先生。徐先生是我打电话至上海
约来的，朱先生又命我发电给北平马衡院长，催请返京，他复电因
病不来。经决议迁台古物精品之选择由徐森玉先生任之，并特请李
济先生及徐森玉先生督运及照料文物。后因徐先生未成行，李济先
生亲自押运文物至台。翌日，朱家骅先生见蒋介石报告此事，蒋介
石说"文物运到台湾，甚为赞成"。朱家骅又请求用军舰运输，蒋介
石答允。当时决定故宫博物院、中央图书馆、中央研究院和中央博
物馆联合，将所藏古物、典籍等分四批运往台湾。只运了三批，蒋
介石宣称"隐退"，代总统李宗仁下令第四批停止迁运，至此文物运
台工作完全停止。

　　1948年冬，故宫博物院的一次院务会议，院长马衡宣布当时行
政院的一道命令，命故宫博物院把珍贵文物的品名、年代、件数造
册上报，然后分批空运南京。开院务会议的时候，身为古物馆馆长
的徐森玉不在北平没有参加，由朱家潜代表他出席这次会议。此时，
马衡的儿子马彦祥在解放区，早就设法和他联系，要他别走。朱家
潜也接到一封信，是中共北京市委城市工作部写给他的，请他坚守
岗位，保护文物。他们装箱工作有意拖延时日，使空运文物不能成
为事实，但也不能不空运一部分文物作为应付。

　　徐森玉这时以故宫博物院副院长、古物馆馆长的名义留守南京。
行政院给故宫博物院的命令，同时要求南京也这样做，并赶造文物
清册，将文物分出一、二两类，尽可能全部带走。如果实在带不走，
就将二类文物留在大陆，一类文物带走。年已七十的徐森玉心里明
白，他处于进退两难的境地。但怎样才能保证战争不使文物受损
呢？他和庄尚严商议，仍然继续做文物装箱运台工作。但是，毕竟
是故宫，文物量大类多，不可能全部装箱运往台湾，不得不留下一
部分。转运台湾的有一类、二类文物，留下来的也有一类、二类文

物。无论是运往台湾或留在大陆，他对这些文物的安全及命运，都感到是个未知数。所以装箱完毕，他对跟随多年的最得意弟子庄尚严说："现在这些文物就要分开了。从今以后，我负责看管这一半，你负责看管那一半。你要代我到台湾去，看管好这批家当，有你人在，就要有这些文物在。我在这里也是这样，只要有我人在，文物也在。"庄尚严点头答应："先生放心，人在文物在！"

当时徐森玉住上海多伦路。11月中旬，他接受蒋复璁电邀赴南京，在翁文灏宅开两院会议，讨论文物运台湾的事情。郑振铎1948年12月5日复夏鼐函云："徐森玉先生现在京，不知晤到否？慰堂先生曾来沪，匆匆即别，未多谈。"从11月中旬到12月5日前后，徐森玉在南京，和庄尚严等在一起为运台文物装箱。其实赴英展览的文物仍装箱未动，所装箱的只是其他文物。徐森玉曾于12月13日给台静农写了一封信，说明在12月13日前，他已经回到上海。这说明他在南京停留的时间不长。12月21日，故宫博物院精品文物即在南京下关装船，用的是桂永清的军舰。12月22日，军舰由下关出发，装运故宫博物院文物三百二十箱，押运人员为庄尚严、刘奉璋、申若侠二人。12月26日到达基隆。

对故宫博物院文物迁台，徐森玉持反对态度。他从南京回到上海，12月13日致信台静农称："静农先生赐鉴：久违清盼，饥渴以之。七日前奉手海，敬审动定多豫，与时偕邕，至以为慰！波外翁恤金，重承嘘拂，高义足钦。兹由彭君陛荣先汇下金圆券两仟八百八十五元，照收无误。翁之遗著，已在成都刊木，印谱正在此间影印。金圆券价日落千丈，原筹刊印之资不敷颇多。拟将此款补入，已交潘伯鹰兄，转托蒋峻斋兄购买银圆若干，暂存渠处备用，当合尊意。衮衮诸公安以台湾为极乐国，欲将建业文房诸宝悉数运台，牵率老夫留京十日，厕陪末议。期期以为不可，未见采纳。昨托病回沪，作答稍迟，尚希原宥。"（图五〇）

徐森玉回到上海后，即与故宫博物院脱离关系，在上海隐居起来。

这时，对徐森玉有着较大刺激的是朋友乔大壮之死。乔大壮是

静农先生赐鉴久违

清时饥溺以之七日前奉

手诲敬番

动定多像与时偕臻至以为慰　波外翁邮金重承

噫拂高义且钦荫由　彭君陆荣先汇下金圆券两仟八百

八十五元照收無误翁之遗箸已在成都刊木印谱正在此

间影印金圆券价日落千文原筹刊印之资石敷颇多拟

将此欵补入已交潘伯鹰兄转托蒋峻斋兄购买银圆

若干暂存渠寰备用当合

尊意袤之诸公妄以台湾为极乐国敌将建业文房诸

宝志数运台率率　老夫留京十日厕陪末议期之以为不可

未见采纳昨记病田沪作荅稍迟尚希

原宥即请

撰安

　弟徐鸿宝再

十二月十三日

五〇　1948年，徐森玉自南京返沪后致台静农信著名的金石家、诗词文章也自成一家。字学褚遂良，极为清俊。蓄长髯，喜饮酒。尚义气，好打不平，为朋友的事可以拍案而起，是一个典型的山岳地带人物。对当时的时政甚为愤激，曾撰一副对联送国民大会堂。联曰："费国民血汗已几亿，集天下混蛋于一堂。"他曾去台湾任教。1948年4月回到南京，因受到某种打击，于7月初在苏州投清流自杀。7月3日还来看过徐森玉，说了许多话。乔的两个儿子在国民党空军轰炸大队供职，在抗战时打击敌人，分所当然。抗战结束了，却来轰炸自己人，实在是杀孽深重。他将杀孽深重的话，重复几遍。一天，他离家出走，给女儿留下遗书，要去自杀。女儿来找徐森玉帮助寻找，一连找了两天，都没找到。第三天晚上，苏州有长途电话告知，证实他在阊门外梅村桥投水自杀了。徐森玉无奈，放下电话只是叹息。乔大壮后落葬于故乡四川，徐森玉为他写了碑文。历史学家向达以方回为单名，写了一篇纪念文章，当时没有发表，直到2005年才发现文章原稿，对此事记述颇详，揭开了六十年前的一幕。

　　1949年1月14日，马衡自北平致信杭立武。此信对当时故宫博物院在北平及文物运台后的情况，透露出一些鲜为人知的事情，故录之于后。故宫博物院马院长衡1938年1月14日自北平致杭立武信，因病不能南飞，运台故宫文献，希望第三批即为末批原函。"弟于十一月间患心脏动脉紧缩症，卧床两周。得尊电促弟南飞，实难从命。因电复当遵照理事会决议办理，计邀鉴谅。嗣贱恙渐痊，而北平战起，承中央派机来接，而医生诚勿乘机，只得谨遵医嘱，暂不离平。但事实上围城中，戎马倥偬，应付各方实亦疲于奔命，因于十二月十四日将午门、神武门及东西华门等门关闭，督率员工应变工作。上午在院办公，下午各方奔走。最难应付者则为经济问题。本年经费因为毫无消息，而所请应变费又复毫无着落。时值岁除，人心浮动，岌岌不可终日。幸在一个月前购储杂粮二万斤，即以此发给员工警，以资年关之点缀。直至本月十日本年经费拨到，又得尊电应变费核准六十万，至是始皆大欢喜。然非得先生奔走呼吁，则此项请求，等于画饼。因将此意昭告同人，莫不深切感，谨代表本院员工警等六百余人向先生谨致谢忱。并请以此意及不克南行之苦衷，转达于王、胡诸公为感。运台文物已有三批菁华大致移运。闻第一批书画，受雨淋湿者，已达二十一箱，不急晒晾，即将毁灭，现在正由基隆运新竹，又由新竹运台中，既未获有定所，则晒晾当然未即举行。时间已逾二星期，不能不有损失，若再有移运箱件则晒晾更将延期。窃恐爱护文物之初心，转增损失之程度。前得分院来电，谓三批即末批，闻之稍慰。今闻又将有四批，不知是否确实。弟所希望者三批即末批，以后不用续运，至留存京库者，想不能尽运清，拟与中博院存品庋藏一处，取同一步骤，敬请先生分神照顾。尽管森老在沪，时须就医，未必能常往，驻京应万一之变也。叨在知己，故敢直陈，未知先生以为然否？欧阳邦华兄对保管文物有十余年之经验，赴汤蹈火在所不辞。先生如委以库务，当可为忠实之助手也。同舟共济，幸先生有以采纳之。拉杂陈词，不觉词费，幸赐裁答，至盼至祷！专此，敬颂大安！弟马衡上言，一月十四日灯下"。

　　在这里，笔者需要重点介绍徐森玉的追随者庄尚严。庄严，字尚严，号慕陵。1948年前，他在北平琉璃厂张樾丞的同古堂，看到有中正书局印的"好大王碑"，甚为喜欢。樾丞是篆刻家，因请其摹写碑中的"庄严"两字，制版印作名片，这两个字一直用到谢世。庄尚严是北京大学哲学系学生，书斋名作"爱智楼"，取philosophy之意，其实他书架上金石考古的书多于爱智之类的著作。好书法，每天早晨起即练字。书法由薛稷而入褚遂良。1924年随徐森玉参加清点故宫文物，发现了宋徽宗的瘦金书，偶尔临摹，大有兴会。台静农说："慕陵瘦金书的成功，并不因为路数合便能金丹换骨，而最大的因素，还是才性。我每留心慕陵写瘦金书的情形，看他悬笔高，下笔狠，行笔疾，大有轻骑快剑，一往无前之慨。这一境界却不是人人能达到的。"抗战期间，故宫文物南运后，庄尚严随徐森玉在贵州安顺山中守护文物，山居穷愁，每天只有以写字消遣。适行箧中有赵松雪《净土词》与《兰亭十三跋》等石印本，喜其雅韵，试以褚法写之，居然有合处，然亦未尝经意于松雪。到台湾，仍致力于书法，叶公超将其友人所藏的《妙严寺记》借给他，这本楷书长卷是雪松无上精品，日置案头，摩挲临写。庄氏在台湾出版书法集《六一之一录》，六一乃他六十一岁时仿欧阳修六一之意，亦以六一为名。唯其所谓六一者，乃每日必定静坐、打拳、散步、写字、饮酒，与其本人为六数，而其书艺则为六之一也。

庄尚严任职于古物保管委员会期间，还发起组织"圆坛印社"。庄氏是古物保管委员会的秘书，住在团城。团城在北海琼华岛脚下，传说始建于金元，登团城上，可遥接西山，俯览北海。居此地，异常清闲，因而有"圆坛印社"的组织。他聘请了王福庵、马叔平为导师，社员不过五人，除庄氏本人之外，尚有台静农、常维钧、魏建功、金满叔。开社之日，马叔平认为团城原是俗称，所谓"城"只是"台"，因此定名为"圆台印社"。刘半农又误"台"为"坛"。马叔平当场刻了一秦玺式的"圆台印社"，权作印社"关防"。王福庵为了示范，也刻了一方。

这一印社短命，只开了一次会就结束了。庄氏虽然发起组织印社，却没有动过刀，但他爱好此道，古印、今印他都收藏。

故宫文物存放上海期间，郭葆昌（世五）戏赠庄尚严一方石章，文曰："老庄老运好"，音义双关，情文并茂。此印真像谶语一样，果然应验了。庄尚严随故宫文物由北京到上海，到英国。抗战军兴，文物蒙尘，流亡西南，为时八载。抗战胜利后回到南京，蒋介石命文物迁往台湾，他又随船押运文物到了台湾（图五一、五二）。

庄尚严生活中有着飘逸的雅性。在台中北沟故宫博物院看守古物时，生活虽然异常清苦，但遇到旧历三月初三，他还要追王羲之山阴故事，临河修禊。之后多年，仍然有着这样的雅趣。值王羲之永和后第二十七个癸丑，他在台北故宫博物院后山流水音发现昔年日本人在溪边刻了"流觞"二字，极为高兴，于是筹备种种，就地来了一次"修禊"。台静农有记云："庄尚严兄在流水音破钞五千元，制木觞，治肴酒，集士女儿童四五十人，纱帽山人不与焉。"时在伦敦的杨联陞与凌叔华合写了"兰亭修禊恨无人"的山水横幅，作为纪念。

张大千在台北的摩耶精舍与庄尚严的洞天山堂，相距不到一华

五一　1953年，庄尚严一家摄于台中雾峰乡北沟故
　　宫招待所前

里。庄尚严初闻张大千居于外双溪，异常高兴。当年，张大千每次
去台中北沟故宫博物院看画，总是由庄尚严作陪，为他取画、拉画。
多年友好，难得结邻，如陶公与素心友"乐与数晨夕"，乃是晚年快
事。张大千住进摩耶精舍，庄尚严送给他一尊大石，不是案头清供，
而是放在庭院里的一块"反经石"，即放在梅丘上的那一块。

五二　1979年，庄尚严腹部手术后与夫人合影

　　庄尚严善饮酒。到晚年多病，已经不能再饮了，可是饭桌前还得放一杯掺了白开水的酒。他这杯淡酒不是为了朋友，却因积习难改，表示一点酒人的倔强。没有朋友的时候，日常吃饭就是这样。他的老友、也是酒友的台静农写道："后来病情加重，已经不能起床，我到楼上卧房看他时，他还要若侠夫人下楼拿杯酒来，有时若侠夫人不在，他要我下楼自己找酒。我们平时都没有饭前酒的习惯，而是慕陵要我这样的。或许以为他既没有精神谈话，让我一人枯坐着，不如喝酒。当我一杯在手，对着卧榻上的老友，分明生死之间，却也没生命奄忽之感。"

庄尚严之子庄申在《山堂清话·后记》中有言："先父的一生，淡泊清高，从来不为名利二字动心。从民国二十八年到三十三年，我们全家都住在贵州。在西南各省之中，贵州的资源非常贫乏，所以一般人的生活都很苦。故宫博物院总办事处设于四川重庆，贵州办事处员工的月薪往往要迟到每个月的月底，才能从重庆汇到贵州。先父在他的月薪未到之际，真是一贫如洗。记得那时我们全家都只能用辣椒粉与盐水调糙米来果腹。生活尽管艰困，先父毫无怨言。不但如此，他反以故宫博物院所藏的《袁安卧雪图》为例，指出古代的清贫高士，能够如何安贫乐命。如果他对中国古代的文化没有充分的了解，他怎会有他淡泊与清高的个性？从这个角度来看，也许'山堂清话'这四个字，正在无意之中透露了他的人生观，达观的人生观。"读了这样的文字，庄氏人格之高标，就不需要再说什么了。

1981年，庄尚严逝世于台北，享年八十二岁。他终生守护着文物，可以说是实践了与老师徐森玉的相约"人在文物在"的诺言了。在走向生命终点的时刻，庄尚严要比老师幸运得多。

再者袁同礼和蒋复璁这对既是冤家对头同时又都是徐森玉朋友的人，也都走着各自不同的路，蒋复璁随中央图书馆去了台湾，袁同礼则去了美国某大学图书馆，仍主持中文图书编目。20世纪50年代，徐森玉主持编辑出版《艺苑掇英》，袁同礼在美国看到这本画册后，给徐森玉写信，表达了对故人的怀念之情。徐森玉的次子徐文堪也曾看到过这封信，对信的结尾还有印象，有两句写的是"临风怀想，不尽依依"。

十一 善待文物，
不亏待收藏家

1. 上海市文物管理委员会

1949年5月22日，由陈毅签署的上海市军事管制委员会发出通知，明确指出，进入市区的解放军各部队、各机关团体在接收工作中发现文物、古迹、图书等，必须移交报告军管会高教处。7月20日，陈毅又再次签署通令，要求各单位、各部门接收国民党机关、企事业单位的财物时，有文物、图书者，应通知高教处登记在案。

面对大量的文物清理登记，成立文物管理机构已刻不容缓，1949年7月17日，经上海市军事管制委员会批准，上海市文物管理委员会诞生了（图五三）。由上海市人民政府聘李亚农、徐森玉、吴仲超、柳诒徵、沈尹默、尹石公、胡惠春、沈迈士、吴景洲、张阆声（宗祥）十人为委员，接着又聘马一浮、汪东、顾颉刚和曾昭燏为委员或兼职委员。主任委员为李亚农，副主任委员为徐森玉。特别顾问是谢稚柳、张珩、潘伯鹰、顾廷龙、赵万里、徐邦达、瞿济苍、谭敬、冒广生等三十八人。行政人员包括秘书主任刘汝醴、人事科长姜明、保卫科长江庸。

古物部主任原内定谢稚柳，后改为沈羹梅。李亚农的秘书叶笑雪告诉笔者：原因是文管会主任李亚农系从老区来的革命史学家，对徐森玉这样的大儒风雅很不喜欢，更重要的是徐森玉在文物界的地位和影响，给李亚农造成压力，想换掉徐森玉，拉沈尹默做副主任委员。他通过刘汝醴，要谢稚柳向沈尹默示意，要沈提意见攻击徐森玉。但谢稚柳与徐森玉、沈尹默都有着很深的友谊，又特别反感"窝里斗"，没有照办，因此古物部主任被换。

徐森玉在任职上海市文物管理委员会的同时，又担任华东军政委员会文化部文物处处长，唐弢为副处长。郑振铎在1950年6月11日致唐弢的信中说："森老为今之'国宝'，应万分地爱护他。别的老人们徒有虚名耳。他乃是真真实实的一位了不起的鉴别专家，非

五三　1949年，上海市文物管理委员会部分委员合
影。从左至右依次为吴景洲、沈迈士、尹石
公、徐森玉、柳诒徵

争取他、爱护他不可。他是一个全才，他的一言，便是九鼎，便是
最后的决定。应该争取做他的徒弟，多和他接触，多请教他。如果
他离开了上海，文管会准定不成，且一件东西也买不成。华东方面
千万要拉住他，不可放松。"

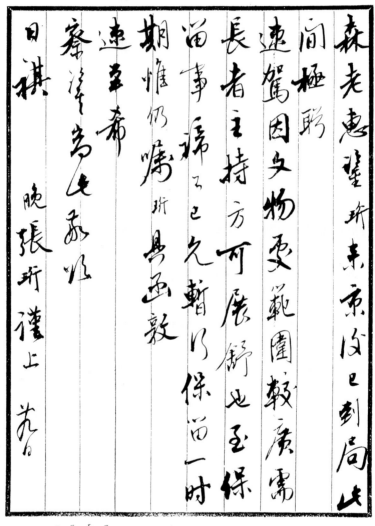

五四　张珩致徐森玉信。信中催其尽快至北京工作

解放之初，上海市文物管理委员会下属两大机构，一是上海博物馆，一是上海图书馆。上海博物馆在1950年4月开始筹建。1949前，有一个上海市博物馆，由杨宽任馆长。被人民政府接收之后，成为上海博物馆筹建的基础，仍是杨宽负责，并由其主持上海博物馆的筹建工作。上海博物馆于1952年12月21日开馆。1951年5月30日，郑振铎在给梁思永信中说：上海人海派气息太重，历史博物馆办得糟极，却不想改革，只是表面上依照社会发展史的程序，布置一下，敷衍了事。李亚农想办一规模较大之博物馆，已有了四千多件东西，却颇自足，以为天下之"美"尽在于斯，其实差得太远了。准备铜器有六件，绝佳。瓷器也不坏，但数量太少。古画有五十多件，均为徐森老收下的精品。但办一博物馆是不够的。完全依靠"收买"，实在不是办法。他要叫胡厚宣主持发掘，已加以制止，怕乱掘乱说也。为了此事，我正和上海方面负责人仔细研究、商谈，要他们先拟计划，大家讨论，不可"闭门造车"，不知"天下之大"。不过，能否说得通，还是问题。

郑振铎是中央文化部文物局局长，又是这方面的专家，所以他有资格作这样居高临下的批评。郑振铎自上海去北京任文物局局长，将大收藏家、鉴定家张珩（葱玉）亦带往文物局任职。同时，郑要张致信邀请徐森玉赴文物局任职。张珩云："珩来京后已到局。此间极盼速驾，因文物处范围较广，需长者主持方可展舒也。至保留事谛公已允，暂行保留一时期，唯仍嘱珩具函敦速至。"（图五四）但徐森玉没有北上，仍留在上海。

2. 滂喜斋和过云楼的两大捐献

1951年，徐森玉主持潘祖荫滂喜斋的旧藏大盂鼎、大克鼎的捐献，上海博物馆才有了镇馆之宝（图五五）。

被史书称为"同治中兴"之臣的左宗棠，在湖南巡抚骆秉章幕府中当师爷时，骆秉章对他言听计从。监司大员有要事向骆秉章禀报，骆让他们向左师爷请示，左宗棠也就当仁不让，隐操湖南政柄，甚至代拟的奏折不经骆秉章过目就直接向朝廷上报。而论功名，他只不过是一个举人。由于树敌太多，触犯了官场众怒，遭到弹劾。朝

五五　大克鼎

廷命胡广总督官文密查，如确有不法，可就地正法。潘祖荫爱其才，
三次上疏密保，说左宗棠乃为人诬陷，并荐其能，使他逃过此一劫。

　　后左宗棠任陕甘总督，在陕西访得大盂鼎，便献给恩人潘祖荫。
大盂鼎自道光年间出土后，在研究金石彝器的学者中被视为难得一
睹的宝物。鼎腹内壁有铭文二百九十一字，极具史料价值。开始，潘
祖荫怀疑是假的。过了一年，他改变主意，极欲得到此鼎，左宗棠
立即命人送至北京。潘祖荫得到大盂鼎后，请金石家王石经篆刻了

五六　1952年，潘达于捐献大克鼎时与部分文物捐赠人合影
（前排右一为徐森玉，左二为潘达于）

"伯寅宝藏第一"巨印，以表达欣喜自得之情。

大克鼎于1889年出土于陕西扶风法门寺，被天津柯氏购得，潘祖荫又以重金从柯氏手里购至滂喜斋。

潘祖荫逝世后，克、盂二鼎归潘氏后人潘达于收藏。1951年7月，潘达于从苏州迁居上海。其致信华东军政委员会文化部，表示要将祖传的克、盂二鼎捐献给国家。当时身为文化部古物处处长的徐森玉负责处理此事。10月9日，在天平路40号上海市文物管理委员会举行了潘氏捐献克、盂二鼎授奖典礼（图五六）。会上，徐森玉讲述了克、盂二鼎的捐献经过。

"我首先介绍潘先生所捐献的两件彝器（大盂鼎与大克鼎），乃是研究中国古代史和美术考古学的珍贵资料。它们在学术上的价值，堪与毛公鼎、散氏盘和虢季子白盘媲美，若以小盂鼎、小克鼎与之相比，真有'小巫见大巫'之别了，因为这两件鼎体积之巨大是惊人的，其花纹与制作之精美也是同时代彝器所罕见的。尤其是两器的铭文，乃是西周统治阶级将土地与臣民颁赐的记录，这些记录对西周的土地制度、社会制度（是奴隶制抑已进入封建制）等问题的研究，都提供了很有力的旁证。其次从两器所记述的许多地名，参照它们出土的地点，也可以作为考证古代地理之一助。同时，从大小鼎铭的异文，更可探求西周文字变化和字形递嬗的轨迹。如果把它们结合别的铜器从事于'形态学'或'花纹学'的比较研究，也是美术考古学者所最感兴味的课题。所以就这两件重器的价值而言，潘先生此举，对于学术界的贡献是很大的"。

接着，由华东文化部部长陈望道致表扬词，并颁发中央文化部褒奖状。褒奖的内容：

> 潘达于先生家藏周代盂鼎、克鼎，为祖国历史名器，六十年来迭经兵火，保存无恙，今举以捐献政府，公诸人民，其爱护民族文化遗产及发扬新爱国主义之精神，至堪嘉尚，特予褒扬，此状。

部长沈雁冰

1958 年，大盂鼎调拨北京，藏于原中国历史博物馆。2003 年，大盂鼎又南归"回娘家"，在上海博物馆举行展览，庆祝潘达于一百岁寿辰。

1951 年 11 月，徐森玉派人去苏州，探办过云楼捐献书画事宜。

从《过云楼书画记》成书于清光绪八年算起，到 1951 年，过云楼所藏书画已传至第四代顾公雄。此时，顾公雄已去世，由其夫人沈同樾率子女捐献给上海市文物管理委员会。现在，我们从徐森玉签发的上海市文管会公文报告中还可看到当时的一些情况。

> 苏州"过云楼"顾氏，是近代很著名的收藏家。自顾子山先生开始，递经其子乐泉先生、其孙鹤逸先生、以迄其曾孙公雄先生，已历经四世将及百年。所收书画名迹，见顾子山先生《过云楼书画记》及顾鹤逸先生《过云楼书画续记》（尚未刊行，其稿正在录清，将来由会代为付印），为全国所艳称。今顾公雄先生逝世，遗命以其所藏捐献政府，其遗族亦不愿以先人手泽，轻易分散，流为私家所有，决定化私为公，捐献华东文化部。文化部特指定拨交本会度藏，遵命即前往点收，除宋元明清书画、周齐侯罍、唐琴、毕沅珍藏的石子、宋藏经纸等由古整处接管外，所有书籍八十八种，大都为书画参考材料，颇为珍贵。论版本，若万历

刻初印本朱性甫《铁网珊瑚》，乾隆刻《吴越所见书画录及书画跋》，正德刻《刘完庵集》，崇祯刻《耕石斋集》，瞿氏刻本《沈石田集》，明玉兰堂刻本《南村辍耕录》，乾隆冰丝馆刻开化纸印本《牡丹亭》、《黄小松碑目》及《魏稼孙日记》，皆为不可多得者。又鹤逸所著《画赘》版片，为公雄先生于抗战时期所刻，当时仅印一二十部，流传未广，特交本会代为续印，分送各图书馆参考。

1959年，沈同樾又进行了第二次捐献。两次捐献，多为稀世之宝，其中有宋魏了翁《文向帖》（此帖原为太仓王相国收藏，顾家以四十方汉印换来）；元赵孟頫、崔复《吴兴清远图合卷》；元倪瓒《竹石乔柯图》轴；元虞集真书《刘垓神道碑》卷；元张渥《九歌图》卷；元华祖玄《玄门十子书画》卷；明熊廷弼行书《东园十咏诗》卷（被戕杀前夕，待罪家中时书）；明杜琼《南村别墅图》册；明唐寅《洞庭黄茅渚图》；明徐渭《花卉》卷；清石涛《细雨虬松图》轴等。

1952年，上海博物馆成立时，上海市文管会将接受的滂喜斋、过云楼及上海其他一些收藏家的捐献，如号为"天下第一王叔明"的《青卞隐居图》，全部移交给上海博物馆。

1951年11月，上海教育局要对私营文化事业单位进行登记，合众图书馆在登记之列。顾廷龙与徐森玉商填教育局发下来的登记表，徐森玉说要加"宣传马列主义"，顾廷龙又与张元济商填教育局发下来的登记表，张亦赞成徐森玉所说。11月11日，合众图书馆董事会召开第十一次常委会议，徐森玉为主席。在讨论事项中，第一项即为主席提本馆拥护政策，图书馆应为宣教场所，本馆组织大纲的条目下拟加"传播马列主义毛泽东思想，为新民主主义文化建设而努力"一款案。1953年1月13日，在张元济、陈叔通倡议下，合众图书馆第十四次董事会议决通过，以董事长张元济先生、常务董事徐森玉先生名义，将合众图书馆捐献给上海市人民政府。

3. 收购《苦笋帖》

上海也有一个"红顶商人"，就是大收藏家周湘云。周湘云是上海滩的巨商，他花钱捐了个三品"上海候补道"。有了红顶子，所以

五七　唐怀素《苦笋帖》

他又与一般商人不同，有条件和清王室的遗老、遗少相交往，与学界的人也颇有交情，如宝熙、端方、康有为、梁鼎芬、刘翰怡、罗振玉、方药雨、沈瑞林（沈秉臣之子）等，其中梁鼎芬、刘翰怡还和他一起去崇陵种过树。徐森玉也是他的朋友。个人的爱好和这种文化熏陶，使他的收藏具有一定的水平。周湘云曾自编了一本藏品目录，不但记述了藏品的名称及流传经过，更重要的是记述了他如何购得这些古物及所付的代价。直到20世纪60年代，上海博物馆的工作人员还看到过这本手写目录，后来就不知下落了。

从零星的记述中可知，周湘云藏有青铜器、字画、瓷器、田黄石印章。青铜器中有许多是阮元（芸台）、曹载奎（秋舫）、吴云（平斋）的旧藏，如西周的齐侯罍，原系曹秋舫旧藏，后归吴平斋，吴氏曾筑"抱罍轩"藏此器，何绍基为之书匾额。后来，吴氏又获一只，故改其居为"两罍轩"，仍由何绍基题写匾额。据说，周湘云当时花了两万两银子从吴氏手中买下一只，一时传为海上豪举。另外，周湘云还藏有阮元的"家庙四器"。此四器为虢叔大钟、寰盘、葛伯敦、无款执壶，自榜其居为"二簠二敦之斋"。

其书画碑帖收藏最负盛名的是唐虞世南《汝南公主墓志》、唐怀素《苦笋帖》(图五七)、宋拓《淳化阁帖》、宋米芾《向太后挽词》、宋米友仁《潇湘图》卷、宋赵子固手卷、元耶律文正手卷、元鲜于伯机手卷、元赵孟頫手卷、明董其昌《临淳化阁帖十卷》等。画则有元黄公望的《富春大岭》残卷、元王蒙《春山读书图》、明文徵明《湘君湘夫人图》轴等。至于"四王"、吴、恽之下，石涛、冬心、新罗之作，更是难以数计。碑帖收藏方面，几乎全是端方的旧藏。周湘云在世时知其侄子周退密最嗜石刻，爱好书法，曾取出全部拓本让其欣赏。在周退密的印象中，其中不少汉碑的拓本均是上乘之作。

上海画家吴湖帆有一斋名曰"邢克山房"。此斋名的由来实为其祖吴大澂的旧藏邢鼎和苏州潘祖荫旧藏、后作为其妻静淑的陪嫁带到吴家的克鼎。吴湖帆曾拟将两鼎出售。周湘云得知这一信息，对邢、克两鼎志在必得，曾托冯超然为说客，价钱从八千银元上升到一万银元。最后，吴氏说不要钱了，要一栋花园洋房。周湘云说：洋房有大有小，不知吴氏要多大的洋房，此事遂作罢。

1943年，周湘云逝世，家中藏品归其夫人施彤昭及女儿周亦玲。上海解放后，土地都归国有，这时周家在国有土地上的房产就成了沉重的包袱，国家要收地价税，迟付了要成倍地加收滞纳金。再加上房客可以欠租不交。在这样两面夹击中，房产商就不打自倒，纷纷倒闭，周家只好出售文物，以付巨款。徐森玉当然就成了最可靠的托付者。徐森玉亲自上门，与周家母女商量出售珍藏的事。经过几次磋商，周家首先出售的是两只西周的齐侯罍，为上海市文管会收购。在展出时，其中一只被郭沫若看中，调往北京入藏某机构。接着，徐森玉又为上海市文管会购进怀素的《苦笋帖》和米友仁的《潇湘图》卷。这两件东西后也入藏上海博物馆。北宋拓本《淳化阁帖》也是徐森玉所注意的，但不知流落何方。直到2002年，经陈燮君、汪庆正的努力，才从美国购回，这即是颇为有名的"宋拓淳化阁帖最善本"，后入藏上海博物馆，可以说是圆了徐森玉的梦。

4. 孙位《高逸图》卷和赵佶《柳鸦芦雁图》卷

1950年某天，北京书画商人靳伯声由京南下，在上海见到谢稚柳，很慎重地把一个装裱有些破旧的画卷放在谢稚柳面前。谢稚柳

五八　唐孙位《高逸图》卷（局部）

五九　北宋赵佶《柳鸦芦雁图》卷（局部）

一看，卷端有宋徽宗赵佶的题签"唐孙位高逸图"（图五八）。谢稚柳曾在敦煌考察壁画一年，为鉴定唐画打下了基础，此后对唐代绘画特别注意。谢稚柳虽然没有看到过孙位的真迹，但从《宣和画谱》中看到过一条记载，宋朝御府共收藏唐代画家孙位的作品二十七件，这幅《高逸图》只是其中之一。孙位《高逸图》卷是溥仪赏赐溥杰的"御赐品"，到了东北流落市肆，初为长春书画商焦增及所得，靳伯声又从焦手中购下。谢稚柳鉴定为唐画，报告徐森玉，徐森玉决定以三万元的高价收进。后来，徐森玉又支持谢稚柳以高价再次从靳伯声手中为上海市文管会购进宋徽宗《柳鸦芦雁图》卷（图五九）。这两卷古画都是从北京南下的，所以能如此，实是因徐森玉的决断。

张珩曾为这两卷古画致函徐森玉，说："宋徽宗《柳鸦芦雁图》卷近已见到，画法新颖，确系上品。细按题跋四家，后二家是真迹，前邓易从、范逾二跋与故宫赴英艺展出品之《池塘秋晚》卷后邓、范二跋辞语大同小异。且考之《宋史·职官表》莘公入枢密年代亦有出入，跋称九十余禩，《池塘秋晚》卷跋又称百有余年，实仅五十年左右，不应相差几及一半，故决其皆为伪作也。然二跋虽伪，仍不害于画，未识尊鉴以为何如？据称文管会出价一亿七千万，未知确否？京市爱好文物诸君以此卷在京未以示人即行南下，深恐流至香港，曾联名致函工会，对靳某加以警告，渠始携归。"信中又云："此间又见有孙位《高逸图》一卷，宣和标题，画大人物四段，真唐人妙笔，与旧藏张萱极近，为所见诸画之冠，他日如去上海，幸意留及之。"（图六〇）其实，张珩在写信的时候，这两个卷子已经由徐森玉、谢稚柳为文管会购进。

5. 善价收购，不亏待收藏家

从故宫博物院创始之时，徐森玉就居于文物管理征集之高位，但他从不掠人之美、夺人之好，被收藏家视为知音和朋友。许多文物的背后，都凝结着他和收藏家的友谊。

当时上海市文物管理委员会除了机关内设几个业务处外，下属还有三个部门：博物馆筹备处、图书馆筹备处和革命历史博物馆筹备处。徐森玉不但对博物馆贡献大，对图书馆也有很大的贡献。他

森老台鉴 惠示并邮票伍万元均

收到承询宋徽宗柘鸲莺鹰春迪

已见到画凊新颖确係上品细物题

跋四家後二家是真蹟前鄧易従

花逾二跋与收官趑莱藝展出品之

池塘秋晚卷没鄧元二跋辞语大入

门心异且考之宗史職官表葦乃入

柜密手代出有出入跋称九十仿裸池

塘秋晚卷坡又称为若係年寿僅五十

年专右石为相差悬及一半攷决甚苦

（一）

六〇　张珩致徐森玉信

也秋二帖虽佳仍不害於畫未识

岂难以为日又按称文管會出價

一億七千萬未知確否東市愛好文

物论其以此奏在京未以末人即以南

二滴忽流至束港等聯名致函之会

对勤某加以声告渠托携崎而知

还时上海至束港之間迄运连一

以佳芳居中南為破藏長沙盗運一

柔奉季束之物已丁复收斗有五百

修保之以上海以雲子記梅谭斋之徒

（二）

皆与此案有关希善会将对该人亲

审并注意上海一方收购一方严加管

朱恩威其癖易於见敢此间装修雜

为言某之餐雖括信以会办责於其

勤力於介双层癖六易仍人心也此

间又见有孙信高逸南一卷室和榴题

画大人物四殿真启人炒菜与旧藏

清誉榜也为所见诗书冠他力水舟

上海章面意及之薛某钢品前当作

西文博大斋尝号为才到堂中途改

（三）

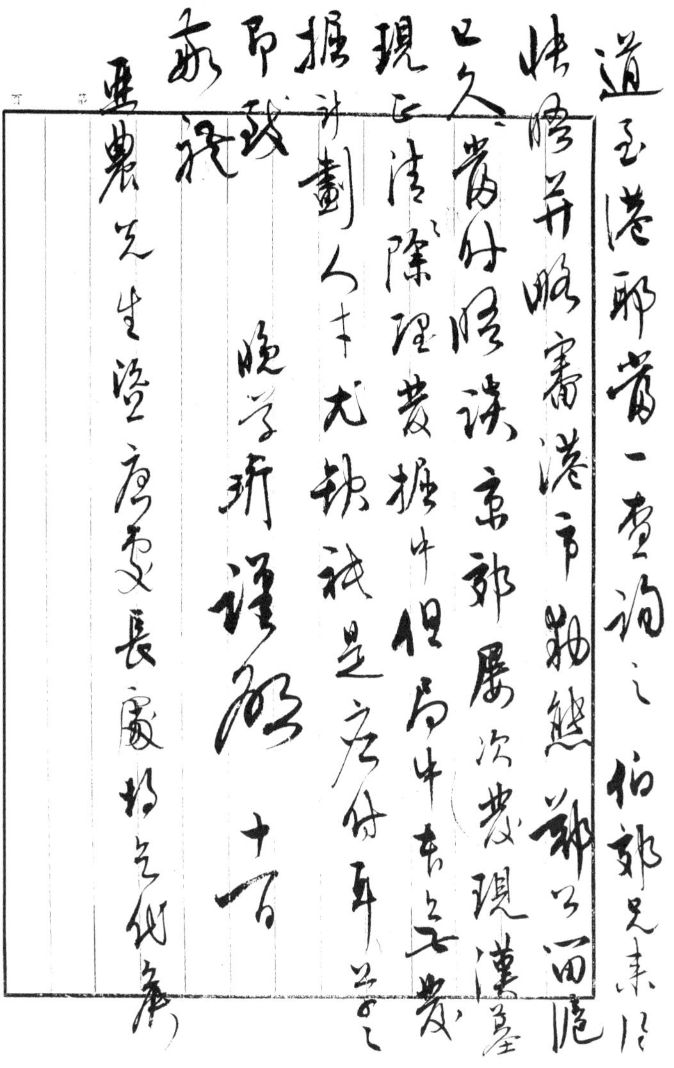

道玉港耶首一查询之 伯郭足来信

错膳并照审港市物态耶已西晚

已久贵分隔误高耶属次发现汉墓

现正清除理发掘出但局牛车坐发

据计划人才尤执社是廣分年乃乙

所政
　　晚学珩谨照 十古

所托

旺农先生澄廣委长家好之仰慕

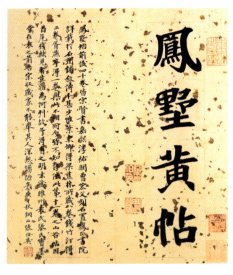

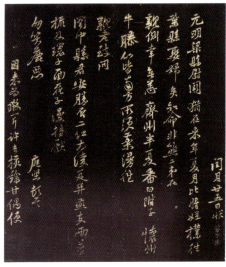

六一 《凤墅黄帖》

是版本、碑帖专家，上海图书馆许多善本及名品都是经徐森玉的手收集入藏的，如现藏上海图书馆的《凤墅黄帖》、《郁孤台帖》、敦煌经卷、明清尺牍等（图六一、六二）。上海图书馆成立之后，与上海各主要图书馆组成中国第二中心图书馆，徐森玉兼任主任。北京图书馆和在京各大图书馆则组成国家第一中心图书馆。

1952年，上海博物馆成立。1953年，上海博物馆又从文管会分离出来，划归上海市文化局领导，上海市文管会就成为一个管理机构，李亚农不再担任文管会主任，由徐森玉任主任。杨宽也不再兼管文管会的工作，任上海博物馆副馆长，专职于博物馆的工作。文管会和博物馆分家，在收购文物的问题上就产生了矛盾。上海市文物管理委员会下设鉴定委员会，集中了一批鉴定专家。不光是文管会收购文物要经鉴定委员会专家鉴定，博物馆收购文物也要经过鉴定这一关。当时上海市府秘书长徐平羽对杨宽说："你们博物馆的人不懂文物，博物馆买东西，一定要送文物鉴定委员会进行鉴定。"收购文物不能哪一个人说了算，要经过专

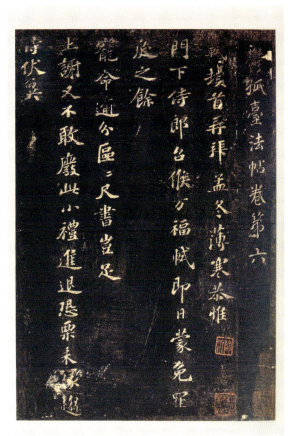

六二　《郁孤台帖》

家讨论，有收购记录，这样就引起杨的不满，结果博物馆和文管会的矛盾越闹越大。由于上海是一个很大的文物市场，不只是上海市文管会在收购文物，外地的文物机构也派代表常驻上海收购文物，这是徐森玉一直认可的。他认为：文物是收藏家的，也是国家的，文物市场是开放的，只要是国家文物机构，都可以来上海收购文物。在北京的郑振铎写信向徐森玉求援，信中说："最近数月，常陪代表团到故宫博物院去，感到内部实在太空虚，故必须亟加补充，使它能够像一个样子。心里很着急，总想使它早日能布置得好些，故需要古画甚急也。"他希望收购能得到徐森玉的帮助。杨宽等反对上海文物市场的文物外流，这样博物馆和文管会也有矛盾。

徐森玉在上海市文物管理委员会办公期间，每月召开文物收购小组会议，对准备收购的文物，进行鉴定研究，最后择善收购。1960年后，上海市文管会与上海博物馆合署办公，徐森玉还是每月召开文物收购会议，鉴定收购文物。前后由徐森玉经手收购的书画、碑帖、青铜器、陶瓷器、玉器、印章以及古代工艺品等珍贵文物不计其数，其中稀世名迹，亦不在少数。华东文化部文物处在徐森玉主持下，也收购不少流散文物，著名的如西周青铜器走马休盘（后调拨南京博物院收藏），明代木刻版画《樱桃梦》等。

徐森玉在上海市文物保管委员会收购文物，其中书画、青铜器、玉器、石刻、陶瓷等归上海博物馆收藏，图书、碑帖归上海图书馆收藏。当时上海图书馆曾入藏一大批宋拓碑帖，其中著名的有宋拓《凤墅黄帖》、宋拓《郁孤台帖》、宋拓《唐欧阳询化度寺碑原石本》等。

近百年来，上海特殊的政治和经济定位，使它不但是中国的经济中心，也是文物集散的中心。1921年，在广东路逐渐形成了古玩市场，使古物由地摊买卖进入室内的店面经营。20世纪30代全盛时期，上海古玩商店达二百 十家。因此，收藏家也云集上海。

解放初期，收藏家的境况不佳，特别是"三反"、"五反"运动，收藏家受到冲击，急需用钱，大量的文物要脱手。徐森玉向陈毅市长提出，要求政府拨款收购，这样才不会亏待收藏家。在征集收购文物时，徐森玉要求文物征集人员本着"价格公平，不要压价"、"不要乘人之危而压价收购，收购的价格要公平合理"的精神。这样，徐森玉主持的上海市文管会代中央文化部文物局、北京故宫博物院、南京博物院、天津博物馆、辽宁博物馆收购了大量文物。包括为文化部收购刘体智的一万多片甲骨、唐代古琴"大、小忽雷"，为故宫博物院收购龚心钊收藏的战国和秦汉古印，为故宫博物院、南京博物院、辽宁省博物馆收购大批明清书画。自明清以来，许多书画荟萃沪上，因此上海文物市场的明清书画也特别丰富。

徐森玉为北京收购文物书画，郑振铎、张珩、赵万里在信中多有谈及（图六三、六四）。郑振铎在给徐森玉的信中说："昨汇上人

局理管業事化文會社部化文府政民人央中

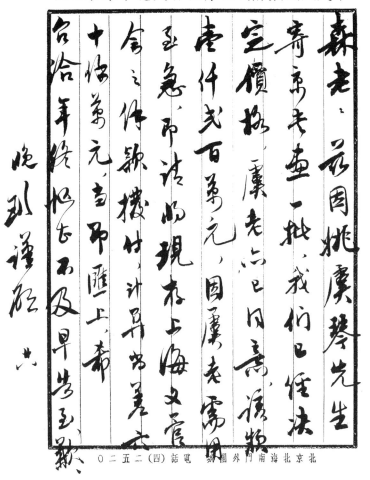

北京北海南门外团城　電話(四)二五二〇

六三　张珩致徐森玉信。信中谈及收购文物价格问题

六四　张珩致徐森玉信。信中谈及文物收购和鉴定问题

民币八千万元，为收购庞家《唐人春宴图》及马和之《小雅图》之用。此款已明用途，可向银行提出。"（图六五）同信中又云："陶俑易碎，最难装箱，故必须托墨林负责办理也。但仍请先生斟酌决定之，以妥善包装，不致中途破碎为第一要点，多花些包装费是没办法的。"在为北京收购文物书画时，徐森玉不但要为之挑选鉴定，还要关心汇款、包装、发运及一些单据的寄回，事无巨细，可以说是无不关心。像他这样的古物界泰斗，还能以平常心做着这些平凡繁琐的事务，足以透视出他的人格力量了。

对徐森玉的做法，上海博物馆的杨宽则持反对的态度。杨宽主

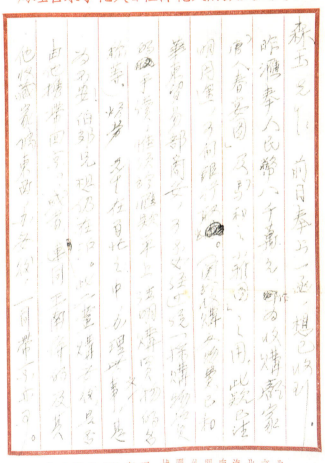

六五　郑振铎致徐森玉信（部分）

张好的文物要留在上海，只能由上海博物馆收藏，而且制订了一些条款，诸如外地文物机构来上海收购文物，首先要向上海博物馆报到，收购的文物要向上海博物馆登记，要经过上海博物馆鉴定。如果是上海博物馆需要的，要扣留，上海博物馆不需要的才能运走。

上海博物馆虽然提出了如此要求，但是北京市场收购人员审定文物的眼光比上海好，有些东西，上海人看假，北京人看是真的，而且确实是真的。上海没有办法，既然是假的，只好放行。在这种情况下，许多好东西流向北京。后来，上海看这样下去，好的文物都流走了，上海博物馆又提出，假的东西也得检查，凡是在上海买的都要检查。这样引起文化部文物局局长郑振铎的不满。其中一封信谈及此事：王南屏先生的画款一亿五千万元，已于今天上午汇交先生转给他，又郭石麒书款二百二十万元，亦已于三日汇上。收到后请复。手续办妥后，请将收据寄下。画件暂存尊处，以待便人带京。琐琐费神，无任感谢。伯郊兄南行后，闻已到穗，迄今并无来信，未知已否赴港？先生处有接到他信否？庞氏画，我局在第二批单中，又挑选了二十三件，兹将目录附上。"非要不可"单中，最重要者，且实际上"非要不可"者，不过（一）沈周《落花诗图》卷，（二）文徵明《张灵鹤听琴图》卷，（三）仇英《梧竹草堂图》卷，（四）仇英《蓬莱仙弈图》卷，（五）仇英《江南春图》卷，（六）陆治《瑶岛采香图》轴等六件而已。因其间明代画至为缺少。请樊伯仔细查见复为荷（图六六）。

郑振铎在信中提出"非要不可"的六件书画，其实并没有得到。庞莱臣所藏的这六件书画，其中仇英《江南春图》卷（图六七）已经归其女儿所有。20世纪90年代从苏州散出，为金陵新一代收藏家陆挺所得，现藏在他的芝兰斋。笔者曾在芝兰斋获观，前有陈鎏题写引首"江南佳丽"，卷后有沈周、文徵明、王宠、文彭、王毂祥、文嘉、黄姬水诸家题跋。

郑振铎在信中继续写道：经过"三反"后，各方面均大有进步，过去的包袱，虽未能尽行抛下，但亦抛去不少。中央方面，对于地方事情，拟尽量设法照顾。有必须发展者，中央必尽量帮助其发展。

六六　郑振铎致徐森玉信（部分）。信中点名收购上海大收藏
　　　家庞莱臣所藏书画

局理管業事化文會社部化文府政民人央中

重要者，且實際上，非要到了者，不過是個零落
在尋箭卷，□文徵明長靈鶴咻琴圖卷，（三）仇英
梧竹州卷團軸，回仇英箏仙英卷，回仇
英□春南苗卷及向陵汐鍾島探寶軸
莘弓伴而已，因其間□明代好画，其多
欽少也，清樊伯□伯查見要多者，
程迄三四代，多方面场大有進步，过去
色紙，蛋未缺尽行地下，但亦地方小。
中央方面，对於地方事情，疑倍學須派
班顾，有攺须發展者，中央攺倍帮助
□□□□，多方面□□尽，过去

（二）

六七 明仇英《江南春图》卷（局部）。现藏江苏南京陆挺芝兰斋

像上海图书馆和博物馆的成立是必要的，且是全国性的（全国只有上海一市是全国性的，其余图、博均为地方性的），故必须帮助发展也，将来拨交的东西也会陆续不绝（乞秘之）。委员诸公大可不必有"小家气象"也。庞氏画，上海方面究竟挑选多少，我们无甚成见。唯将来图书馆、博物馆成立后，势必将交上海市文化局或华东局领导，盖此是"行政系统"，不能不"服从领导"也（亦乞秘之）。亚农同志气魄很大，爱护学人之心尤为恳挚。唯缺点亦不少，天天在忙，不知忙些什么。这一次不知"检讨"做得深刻否？我时时刻刻不断在批评自己，总期能够尽洗旧垢，防止"好大喜功"，切切实实为人民做些事。忙中偷闲，时复读些旧书，亦写些短文，殊觉愉快也。

郑振铎和徐森玉虽然知交甚深，在善本书及书画、古物的收购方面，他又需依靠徐森玉的帮助。但郑振铎站在文物局的立场上，对庞莱臣的收藏指定"非要不可"的强硬态度，徐森玉也不得不让步三分。

郑振铎在另一封信中又写道："经过了'五反'之后，古文物的登记，似可着手。唯总以'不扰民'为主。怕的是，一声说'登记'，又要惊动一番。总以自动为要，说服为先。"话虽如此说，收藏家还是受惊动、被干扰的。当出现捐献文物热潮，和当时的形势有关，如民国以来的最大藏书家傅增湘，其子傅忠谟，把双鉴楼几十万册藏书捐献给北京图书馆。

　　但是徐森玉也不是对每件东西的收购都让步的。1962年，版本鉴定家、北京图书馆的赵万里来上海，到文管会拜访徐森玉。问候之后即把汪庆正拉出办公室问道："小汪，我跟你打听一件事，听说你们在寻找王安石手书经卷和《王文公文集》？"汪庆正说："是啊。"赵万里说："《王文公文集》这件东西，你无论如何跟徐森老说说，要拿到北京去，不能留在上海，这是全国最重要的东西。"

　　宋刻龙舒本《王文公文集》当今存世仅此一部，且一分为二，一部分藏在日本东京宫内厅图书寮，一部分在20世纪40年代流出香港之前，徐森玉曾拍摄玻璃版底片收藏在故宫博物院。1962年，又在徐森玉的主持下，将密封在铁箱底的玻璃底片从故宫博物院找出来，与日本所藏的那部分合成一部完整的《王文公文集》，由中华书局上海编辑所予以影印出版。60年代初期，流散出去的《王文公文集》残卷出现在香港书肆。徐森玉和谢稚柳商量，想通过香港收藏家王南屏和徐伯郊把它买回来。此行赵万里来打听的就是这件事。

　　赵万里觉得托汪庆正无指望，就回到办公室跟徐森玉说："今天我请客。"徐森玉问："哪里去吃？"当时上海请客吃饭最好的地方是红房子。赵万里说："在红房子。不过有一件事情，《王文公文集》要拿到北京去。徐森老，你一直是北京图书馆的保护神，这件东西一定要给北京图书馆。"赵万里与徐森玉的关系非同一般，赵是学生辈的人物，比徐森玉小一辈。听了这话，徐森玉一下子从椅子上站起来："你放屁，你只知道把什么都弄到北京去，做梦，绝对不行。"谢稚柳在旁边打圆场说："八字还没一撇，你们闹什么。森老，你坐下来。"徐森玉坐下来。赵万里跑到徐森玉身边，也坐下来，用手摸摸徐森玉的光头，说："平平气，平平气，以后再谈。"徐森玉说："没什么好谈的！"

　　王南屏受徐森玉之托，将王安石手书字卷及《王文公文集》购回藏在香港家中。徐森玉筹款将之从王南屏手中购回内地。事情正在进行时，十年动乱就开始了。直到1984年，经过谢稚柳的努力，才从王南屏手中购回，这两件宝物现藏上海博物馆。

6.字字千金的《鸭头丸帖》

《鸭头丸帖》是叶恭绰的旧藏（图六八）。

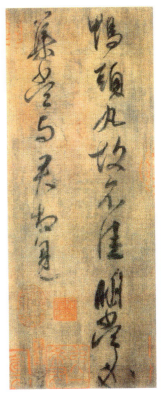

1949 年以后，叶恭绰任中国画院院长、中央人民政府文字改革委员会副主任、中央文史馆副馆长等职。薪水收入虽然不薄，但对他来说仍是生活维艰，常要出售藏品以补家计。他在给徐森玉的信中说："年来日在病中，资用既窘，又虑藏品无可付托，自是彷徨，情绪之劣可知。"他和徐森玉是老朋友（图六九至七一），徐是其最信得过的人，所以他出售书画不找北京的文物机构，而要到上海找徐森玉。他一次就托人带了十二件书画到上海，经上海市文物鉴定委员会鉴定后，由文管会收购八件，其余四件等待另议。徐森玉将这一情况写信告知叶恭绰，而叶氏对这样的处理甚为不满，又致信徐森玉，再度声明这些藏品的重

六八 晋王献之《鸭头丸帖》

要。信中说："会议估价除龚开、梵隆、罗昭柬、吴草庐候另议外，其余八件共人民币二千八百元。按我将文物迭次让出，大旨在物得所归，故定价一层，向无争论。但此八件中其真正价值可能是有些出入的……。如有识者，皆万金以上物，而亦遭卞和之刖，亦只有吞声而已。行年八十，心随物转，自是功行不济处。"对这次出售虽然有不少牢骚，但无可奈何，生活无法开支之时，又得找徐森玉帮助。在另一封求售书画的信中，叶恭绰说："敦煌经卷尚有数卷，又有宋版佛经三种，尚有数册，亦愿其得所归宿，免包花生米也。余一生最怕掂斤拨两，但环境及个性关系，权不在我，故有时宁忍饥受困，此亦其拙所致也。"对叶恭绰的牢骚，徐森玉何尝不是带着一种无可奈何的心情呢？但收购价位是由收购委员会讨论决定的，他

六九　叶恭绰致徐森玉信。信中谈及其收藏文物归公一事

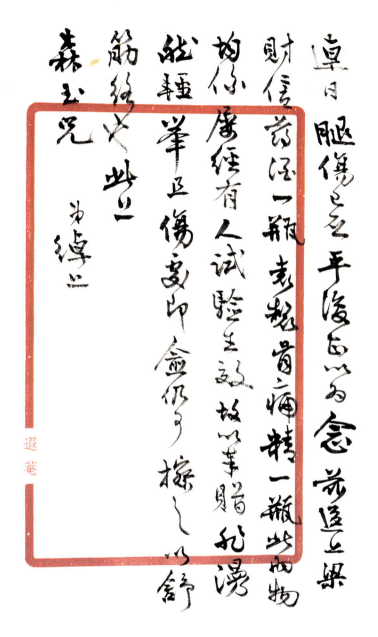

七〇　叶恭绰致徐森玉信。解放后，徐森玉再次骨折，叶恭绰
　　致信并赠药，友情甚笃

森玉先生：

运碰珐缘衰病侵寻年来之业尚在清理，叆念廿年来所辑五代十国文及全清词钞各四十参运未出版之诗文笔记等，以未誊稿即行，深为可惜。恐熙坠知友健以助进行，藉剔和志荣推请名端和八位同志鼎助相助，附上退函致祈鉴，此外保分功快贺益。其若何组织，将来一切由爱人键承持与各端洽办，敬祈指教是行，敬致附上遗墨函书件。

叶恭绰

一九六〇年五月廿九日

敬礼

七一　叶恭绰致徐森玉信。信中谈及出版《五代十国史》及《全清词钞》一事

七二　徐森玉与谢稚柳（左）的合影

又有什么办法？

作为古物专家，徐森玉自然有着不掠他人之好的风度。现在是朋友几次三番出售自己的收藏，何不把他藏的《鸭头丸帖》收购为国有呢？因为他知道，叶恭绰的这件东西早晚是要出售的。徐森玉认为办此事最可靠的人是谢稚柳（图七二）。

谢稚柳带着徐森玉的使命去见叶恭绰，对叶恭绰，谢稚柳向来是以长辈尊之。见面之后，先从叶氏所关心的宋徽宗的《柳鸦芦雁图》卷谈起（此时上海市文管会经谢稚柳的手刚从北京购进此件），然后又谈到他几次向上海市文管会出售字画的事，叶恭绰此时仍是愤愤不满。

谢稚柳也说："这是徐森老无可奈何的事情。你的《鸭头丸帖》是否有意出让？"

叶恭绰有些不愉快，说："上海文管会诸鉴定大家，连画的等级价值都没有标准，《鸭头丸帖》到了那里，还不知被评成什么劣等呢！"

谢稚柳说："遐翁放心，这次由徐森老说了算。"

叶恭绰说："这种东西能卖吗？字字千金，即使我想卖，你们文管会也不敢买。"

谢稚柳："遐翁，你可是一言九鼎，虽然是字字千金，我们也买，这个家我当了。"

叶恭绰只是气话，"字字千金"只是笼统地说说，《鸭头丸帖》到底能卖多少钱，他的确没有想过。他看了看谢稚柳，问："稚柳，你这个字字千金算是什么样的价钱？"

谢稚柳说："就照遐翁说的一个字一千元。"

叶恭绰沉吟了一阵说："你这种点名买东西，叫作挖别人的眼珠子。你们既然要挖别人的眼珠子，那就让你来挖吧，反正这件东西早晚要被挖走的，今天不是你挖，明天可能会有别人来挖。"

就这样，王献之的《鸭头丸帖》就归了上海市文管会，现藏上海博物馆。以后，又经谢稚柳从叶恭绰手里购进释高闲的《草书千字文》残卷等名迹。

7. 明清画换孤本《萝轩变古笺谱》

徐森玉为上海博物馆所做的贡献多多，难以尽言。这里再提一件《萝轩变古笺谱》的发现与鉴别（图七三）。

中国木刻引起社会的重视，应该说是从鲁迅、郑振铎合编《北平笺谱》开始。自此之后，木刻文化赖以不坠，蜚声国外，视同珍籍，开辟了中国的版画之学。以后，郑振铎又独力重印《十竹斋笺谱》，可谓是尽毕生心力，萃于有关版画图籍的收藏。但他始终未能获见《萝轩变古笺谱》。

在郑振铎逝世六年后的1964年，徐森玉发现福建私人收藏的《萝轩变古笺谱》，经与原藏者商洽，鉴定为孤本，遂以明清书画十

七三　《萝轩变古笺谱》(部分)

余幅交换，使其入藏上海博物馆。以后研究此孤本的文章也有几篇，但没有人再提到徐森玉。直到1981年，为纪念鲁迅诞辰一百周年，上海市文化局副局长方行决定将此谱影印出版，在郭绍虞写的序中才提到徐森玉。郭绍虞在序中写道："学有二：有个人专攻之学，有社会通力之学。治专攻之学易，治通力之学难。专攻之学重在个人之研究，凡好学深思者类能为之。通力之学则非通才达识、关心社会文化者不能知之。"郭绍虞认为徐森玉是"通才达识"治"通力之学"。

中国人对《萝轩变古笺谱》的了解在此之前是"出口转内销"，日本人大村西涯根据《萝轩变古笺谱》前半部，而且无原序的本子进行研究，认为清康熙年间有翁松年号萝轩者，遂以为即其人，考其生平甚详，实则是"吴冠翁戴"。待徐森玉发现全书，始知为明天启间吴发祥的刻本，比《十竹斋笺谱》早十九年，遂使孤本佚而复显。该谱分上下两册，封面有"清绮斋收藏"题签，可知此书是从清太学生海盐张宗悌家散出来的。

郭绍虞在序文中对徐森玉极尽崇敬怀念之情。他说："仅就师友之情，略述斯学之艰，兼抒伤逝怀旧之情而已。"

8. 迈出双脚走出去

20世纪四五十年代，徐森玉年事已高，体胖加早年骨折，去现场考察文物行动不便，但仍然亲临考古发掘现场（图七四）。

1950年，他得知安徽寿县有大批青铜器出土的消息，便不顾别人的劝阻，坚决要亲临现场。最后，由谢稚柳、吕贞白和郭若愚三人陪同前往。

为了保护他的安全，他们一行到了蚌埠市，市里便派了一名干部和三名武装人员沿途保护。当地民兵见他们头戴皮帽，身着皮大衣，又有三人带头，以为是地主逃亡分子，晚上便来搜查，并把他们关了一夜。民兵搜查时，查出一筒饼干。民兵不知道是饼干，就问："这是干什么用的？"徐森玉说："是饼干，是吃的。"民兵说："你吃吃看。"徐森玉本是装的一口假牙，晚上脱了下来，怎么能吃饼干呢？徐森玉说："没牙齿，不能吃。"民兵说："不能吃也得吃。"徐森玉被搞得很狼狈，折腾了一个通宵。

第二天早上八点钟，华东军政委员会的电报已到县公安局，局长为孩子吃满月酒，没有通知下边的人，直到晚上才想到这件事，觉得这是不得了的事情，县长、公安局局长赶到招待所赔礼道歉，并请客吃饭。但徐森玉不去吃饭，也没有再追究。第二天，寿县县长得知这一情况，便来道歉。

1957年，中国科学院院长郭沫若提议编一部《历代石刻图录》，森老：

拔冗書名「殷虛卜辭綜述」，欬簽請大筆一揮寄下。

宿錦永巳將其一部轉讓我所，前匄印刷之事，匆匆，勝見寄。揚遇夫眠到京矣。此尚因十一國慶，又甚忙。眠擬十月初的南返，或先专合肥

接诚馆来信，说又发现有铭之器多件，前此因未細看，故有疏失也云云。该馆無善拓者，不知了个人前往扎? 手此敬请

撰安

眠 陈梦家 敬上 九月廿三日

七四　陈梦家致徐森玉信。信中谈及去淮南考察文物一事

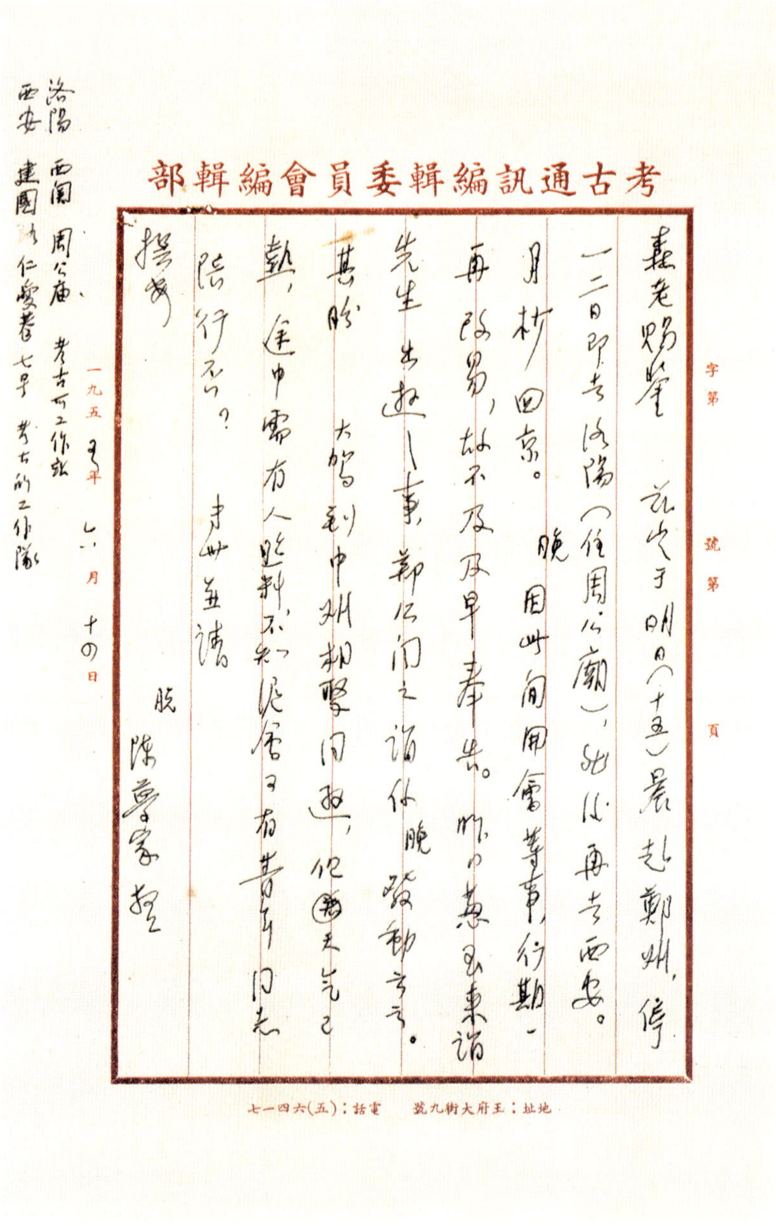
考古通訊編輯委員會編輯部

第　字第　號第　頁

森老如晤：晚定于明日（十五）晨赴鄭州，停一二日即去洛陽（住周公廟），然後再去西安。月杪回京。晚因此間開會等事，行期一再改易，故不及及早奉告。昨日慕五來詢先生出遊之事，鄭公問之詢你，晚發動之之。甚盼大駕到中州相聚同遊，但西天氣已熱，途中需有人照料，不知泥舍可有青年同志陪行否？專此並請
撰安
晚 陳夢家 拜
一九五六年六月十四日

洛陽 西關 周公廟 考古所工作站
西安 建國路 仁愛巷七號 考古所工作隊

地址：王府大街九號　電話：(五)六四一七

七五　陈梦家致徐森玉信。信中谈及去三门峡考察石刻一事

中國科學院考古研究所

字第　號第　頁

一九五　年　月　日

電話(五)局三五九八號　　地址：王大府街九號

（一）

七六　陈梦家致徐森玉信。信中谈及出版《历代石刻目录》事宜

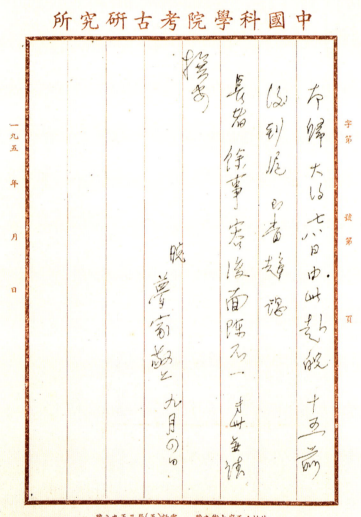

请徐森玉主持这项工作。为此，徐森玉曾去三门峡察勘石刻（图七五、七六）。三门峡石刻异常丰富，包括从汉景帝以来的大量碑刻，都是刻在悬崖峭壁上，多少年来，不但未经摹拓，甚至过去的金石家都未曾看见过。此时要在三门峡修水库，科学院便派了专人进行摹拓，这是抢时间争速度的工作，有时还要将整块石刻凿下来加以保存。否则炸药一响，原有的石崖将不复存在，人间只存下孤本拓片。徐森玉从三门峡归来，接受《文汇报》记者黄裳采访时曾激动地说："这样拓下来未曾见过的拓片，就有二百多种。"后来，黄裳在一篇《徐森玉三门峡访古》的文章中，记述了徐森玉在三门峡的见闻。

徐森玉谈到上村岭所发现的周代墓葬时，眼睛明亮，犹如陆放翁诗"老见民书眼犹明"。墓侧有一车马坑，森老看到一辆车只发掘出一半。车辕上的彩绘，华丽得几乎使人难以相信这是周代的东西。墓主的面目依稀可见，双耳挂着两个玉环，身上挂着玉佩。最重要的是在这墓里发现的戈，上面有着"虢太子元徒戈"的铭文。虢在今天的宝鸡，周平王东迁时移至上阳。虢后来为晋所灭。这件戈的发现纠正了清代著名古地理学家的考证，上阳其实就是今天的陕县，并不是什么别的地方。森老还说整个郑州城都是殷墟，这个殷墟比安阳的还要早，是属于盘庚以前的。后来郑州的考古发掘，证明了森老的判断是对的。

信阳所发现的楚国木椁墓，墓里有完整如新的编钟。另外，还发现了两束竹简，竹简上的字仍是字迹清晰，字体和铜器上的完全相同。竹简上记的大抵是殉葬品的账目。削简的刀是全新的，装在特制的漆盒里。最妙的是同时发现了毛笔和墨。谈到观感，森老说：关起门来做学问的时代已经过去了，今天的考古学家必须迈开双脚走遍祖国的山山水水，不如此，就不能胜任愉快地做一个新时代的考古学者。几十年的时间过去了，三门峡碑刻原物已不存在，只留下一纸拓片。三门峡水库也淤积了，那是因为黄河上游水土流失，大量泥沙在水库中沉淀。

黄裳道长对徐森玉采访记载颇多，我很羡慕他的这种采访机会。

徐森玉对版本的爱护之情，在黄裳写的《徐森玉与〈花间集〉》一文中昭然可见。传世《花间集》宋本有两部，一部是海源阁旧藏，后归周叔弢；另一部即为上海某人所收藏，是席玉照的藏书，多年不知下落。黄裳看后赞叹曰："这真是非凡的善本。"后来，藏者把它送给徐森玉鉴定，徐氏亦盛赞此书，藏者十分高兴，当场表示要重新装池。黄裳写道："森老听了大惊，说这是万万使不得的。此书旧装还在清初，签题都出于名手，虽然稍有脱浆，但无碍于收储。现在已经很少能装潢宋版的名工了，千万不能乱动。森老说得激动，几乎要长跪为古书乞哀，这才收回原议。"

1960 年，徐森玉已年届八十，上海郊区马桥乡基建工地发现了一处新石器时代文化遗址。上海市文管会考古队立即组织发掘队去马桥清理，徐森玉不顾年迈，冒着寒风到了马桥遗址发掘现场。

崭新的事业，吸引着这位老人，使他忘记了自己的病腿，忘记了酷暑严寒，更忘记了自己八十多岁的高龄，他变得使人难以相信的年轻了。

9. 仍在关心故宫博物院

1954 年 9 月，北京故宫博物院绘画馆开始对外展出。在开幕之前，郑振铎写信给徐森玉，邀请他和谢稚柳前往，对展出书画进行最后鉴定（图七七）。

郑振铎在信中说：绘画馆经加紧布置后，9 月底盼能揭幕。务盼先生能偕同稚柳先生届时来京参加也。作为我局邀请你们两位来鉴定，一切费用，由我们负责。预展日期现定在 9 月 27 日，连日苦心布置，再三精选，可能还有问题，必须请先生来作最后的决定也。此是一件大事，是中国第一次像样子的一个美术馆，其开幕必须十分慎重的从事。许多应该有的大画家的作品，像李成、范宽、郭熙等均没有。实是大缺憾！何时能有之？在陈列方面，又须"雅俗共赏"。故在题材方面，也须是多方面的，不能都是山水（特别是清代的）和花卉，人物也必须有。但如果陈列人物，则多半是地主、官僚型的人物。怎么办呢？只好先求陈列的范围较宽，逐渐的再加以批判，加以改换了。先生以为如何？水墨山水最难为群众接受，故陈列的以

局理管業事化文會社部化文府政民人央中

收媳，便不易掌握得住了。
托伯郊在進行中，如知，不料亦伊仲將致
到給陳君，功說他，不久。
價數少。
譯周相壽舊藏，尚有出者水軸，前此陳
香港陳隆中壽的善本書已
後釋及周製的廉廣，所紙壽給說
滿藏，則論述此間繪畫史的便以此館為
如能再有李成范寬，自然更
開館時擬即先由如稚柳兄能來一趟，
館得此件宋元人物，更可為之有畫矣。

〇二五二（四）話電　城圓外門南海北京北

七七　郑振铎致徐森玉信（部分）。信中谈到故宫博物院绘画馆
　　　即将开馆，并邀请徐森玉、谢稚柳前往参观

青绿山水为主，即四王之作，也选有彩色的。好在四王的画不少，还容易选也。目录尚未完全印出，请便中和徐平羽同志提一下，印齐后，当奉上几份，请他和先生指正也。

在文物界，徐森玉有着很高的威望和地位，受到人们的尊敬和爱戴。考古学家夏鼐从北京到上海来看望他，在沙发上只坐前一半。梅兰芳来看他，总是恭恭敬敬地喊他"二爷"，因为他行二。陈植是大建筑家，又是文管会的委员，私下来看望徐森玉时，进门就行跪拜礼。搞古建筑的陈从周，在徐森玉面前，总是站立着说话。这不是因为徐森玉有什么威胁，而是他的知识渊博、学养深厚、人格高尚，是人们从内心里发出对他的崇敬。

抗战期间，古物南迁，在西南山区他的股骨跌断。1949 年以后去北京开会，在上海火车站又一次骨折，使他的行走更不方便。但他不但迈开双脚去郑州、洛阳、西安访古，去三门峡、马桥发掘现场，还出入于收藏家的家中，寻觅古物。

某次，徐森玉去许姬传家看许刻书，打听许珊林、许辛木手稿的下落，看到许姬传正在为《文汇报》写连载《舞台生活四十年》，就和许聊天。他对许说："看到了你在《文汇报》上的连载，很有意思，你要下功夫把这本书写好。"他还告诉许："写书最重要的一条是集中资料，在选择资料、运用资料方面要有自己的见解，要学会辨别精粗真伪的能力。凡做一件事，其成败往往决定于方法，你的同乡先辈王静安（国维）先生的著作所以能光景常新，颠扑不破，就是他的方法好。"

谈到王静安的治学方法，徐森玉说："王静安写书的方法有三个字：'博'、'专'、'细'。"他用自己的亲身经历，阐述王静安的治学方法，说："有一天，我去他家，静安正在写《宋元戏曲史》。桌上、书架上摆的都是有关这部书的资料，其中还有一部分是从日本收来的善本。我们聊天时，他总是把话题引到这部书上来，听取我的意见。这时，另有一位朋友来看他，他还是用此法谈话，有时提出问题和我们研究，如有相反意见，展开辩论，最后得出的结论，他都记在笔记里。隔了一个时期，再到他家，问起《宋元戏曲史》的情况，静安说：'已看过校样，静等看最后的清样。'这时，他的书房里、桌上、架上、凳子上有关此书的资料全部收起，另换一本书的资料，谈话的题目也变了。"

对王静安的治学方法，徐森玉分析说："王静安写书的方法是科学的。刚才我说的三个字，'博'是说他掌握的知识丰富；'专'是集中精力，把它写好；'细'则包括一稿、二稿……乃至装帧，都要缜密周详。"

十二　父子齐上阵
文物早回归

　　解放前夕，内地的许多收藏家，连同他们的藏品都到了香港。解放之初，任文化部文物局局长的郑振铎就注意文物外流的大事，在周恩来的支持下，往往以高价购得，使之回归。此时，徐森玉的长子徐伯郊定居香港，郑振铎就和徐森玉商量，要徐伯郊在这方面为祖国多做贡献。同时，在香港成立秘密收购小组，由徐伯郊负责。徐伯郊在香港为内地收购文物，最引人注目的莫过王献之《中秋帖》和王珣《伯远帖》从香港的回归了。

　　《快雪时晴帖》是王羲之写给山阴张侯的一封信札，文曰："羲之顿首，快雪时晴，佳，想安善。未果为结力，不次。王羲之顿首。山阴张侯。"此帖书法精美，久负盛名。清康熙十六年（1677年）八月十八日，国子监祭酒冯源济始以王羲之《快雪时晴帖》墨迹二十四字，装成册页，赏付学士喇沙里代呈。传到乾隆，更是宝爱有加，呵护备至。每逢降雪，常临帖展玩，或作跋语，或题诗句，数十年不断，共得六七十则。此帖乃乾隆最喜爱的作品之一，称之为"千古妙迹"、"神乎技矣"。

　　《中秋帖》作者王献之，字子敬，小字官奴，为王羲之的第七子。乾隆于帖上题曰："大内藏大令墨迹，多属唐人钩填，唯是卷真迹二十二字，神彩如新，洵希世宝也。"帖全文曰："中秋不复不得相还，为即甚省，如何？然胜人何，庆等大军。"（图七八）米芾誉此帖为"天下第一"，尝云："人得大令书，割剩一二字，售诸好事者，以此古帖每不可读，后人强为牵合，深可笑也。"

　　《伯远帖》作者王珣，字元琳，小名护法，为王导之孙，王羲之从侄。《伯远帖》被认为是王珣唯一存世书法真迹，弥足珍贵（图七九）。此帖也是一通书函，共五行。全文曰："珣顿首，顿首，伯远胜业，情期群从之宝，自以羸患，志在优游，始获此出，意不克申，分别如昨，永为畴古。远隔岭峤，不相瞻临。"伯远是王珣从兄王穆

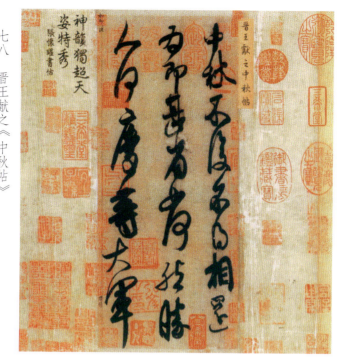

七八　晋王献之《中秋帖》

七九　晋王珣《伯远帖》

之别号。王珣于谢安殁后为侍中，其后转任辅国将军，吴国内史，"始获此出"可能是指转任之事。清乾隆十一年（1746年）春，此帖入内府，乾隆珍惜异常，谓："唐人真迹，已不可多得，况晋人耶。"此帖与二王之帖并誉为"希世珍宝"。三帖并藏于养心殿西暖阁温室中，并正式定名为"三希堂"。

1924年，溥仪出宫时，曾将《快雪时晴帖》秘藏于寝具中，企图挟带出宫，幸被发现，才得以留在宫内，现藏台北故宫博物院。溥仪出宫后，"清室善后委员会"开始清点宫内文物，徐森玉等发现"三希"中的"二希"已无踪影，其间发现一叠账摺，记录宣统以"赏赐某某人字画"的方式，将国宝偷运出宫之事。后来，故宫博物院根据这叠资料，编印成《故宫已佚书籍书画目录》。流失的书画手卷、册页、挂轴、善本古籍，竟多达两千余件。《中秋帖》及《伯远帖》亦不能幸免，为溥仪的庶母瑾太妃据为己有。她在1924年去世之前，派人拿到宫外后街小古董铺品古斋脱售，后来流入郭葆昌（世五）之手。

1933年1月，日军攻占山海关，平津震动。当时的政府决定故宫文物南迁，并于2月5日启运。临行前，郭葆昌特别邀请故宫博物院古物研究所正、副所长马衡、徐森玉及科长庄尚严三位到他位于铁狮子胡同的觯斋吃晚饭饯行。饭后取出他所藏的珍玩，供大家观赏，其中赫然有《中秋》、《伯远》二帖。那时，郭葆昌曾当来客及其儿子郭昭俊的面说，在百年之后，他将把二帖无条件归还故宫，让《快雪》、《中秋》、《伯远》三帖再聚一堂，并戏称要庄尚严届时前往觯斋接收。

1940年，郭葆昌逝世，《中秋》、《伯远》二帖曾一度寄存上海金城银行保险库内。郭昭俊欲通过朱启钤将此二帖赠送宋子文，大收藏家张伯驹获悉此事，乃投书上海《新晚报》，发表《故宫散佚书画见闻记》，文笔犀利，矛头直指郭、宋二人。蒋介石得知这一情况，就对宋美龄说：你告诉子文，不要为两个字卷子搞得满城风雨。宋子文害怕落一个盗窃国宝罪名，遂将此二帖退还。

1949年，大陆解放前夕，郭昭俊即携《中秋》、《伯远》二帖去了台湾，找到庄尚严，旧事重提，欲履行其父生前之愿，以"半买半送"的方式，来处理这两件名迹。据台北故宫博物院李霖灿转述庄尚严的话说：大家商量的结果，决定买下来，一切筹备就绪，钱也有了着落，就由中英庚款下拨付。但因政治及签字问题一再延搁，到后来英国方面不肯付款，于是乎本来是合浦珠还的美事，由此竟告失败。

郭昭俊又将此二帖带至香港，抵押在某英国银行，靠贷款度日。眼看贷款即将到期，如果不能及时赎回，将按惯例进行拍卖。当时也有不少外国机构及收藏家对之分外觊觎，若"二希"一旦被银行拍卖，则国宝很可能流出域外。

徐伯郊得此消息后立即向郑振铎报告。身居北京的张伯驹亦得此消息，并向文化部文物局上书建议购回"二希"。当时，郑振铎参加了由丁西林、李一氓为正、副团长的中国文化代表团，出访印度和缅甸，正好途经香港。郑振铎闻知此事，即指示徐伯郊务必全力抢救二帖，不使之流失海外。与此同时，郑振铎也将此事报告了周恩来，请求能立即拨出专款，并采取紧急措施，一定将"二希"购回。周恩来批示："同意购回王献之《中秋帖》及王珣《伯远帖》"。

徐伯郊接到任务，马上找到郭昭俊，希望他不要着急，国内会购此二帖。稳住了郭昭俊之后，徐伯郊又利用在香港银行界的关系，疏通了那家英国银行，答应郭之贷款由他负责偿还……国家派王冶秋、马衡和徐森玉三人去了澳门，对"二希"鉴定无误后，以三十五万元港币（折合人民币二十七万元）成交，将"二希"购回，入藏北京故宫博物院。

"三希帖"的流传，自东晋以后历时千余年而不坠，其间虽易手多人，然此稀世珍宝有神灵呵护，百余年前汇合于清宫内府，后又离散，至今仍飘零海峡两岸。其坎坷身世，正如清礼部右侍郎沈德潜在《三希堂歌》中所云：

> 东晋至今十六世，离合聚散同烟云。
>
> 太清楼空几泯灭，宝晋斋废疑沉沦。
>
> 至宝阅世永不泯，鬼神呵护留乾坤。

　　从来法物聚所好，归之秘府纷罗陈。

　　沈德潜似有未卜先知的直觉，一语道破"三希帖"早已注定飘零的身世，其今生与来世的离合聚散，真有如烟云一般。

　　"香港银行界"系指何人？几十年来不为人所知。此人正是中南银行的总经理胡惠春。胡惠春是大银行家胡笔江之子，以收藏陶瓷器著称。1945年，被国民政府委任为北京故宫博物院陶瓷专门委员会委员。他和古物馆馆长徐森玉有着较深的交往。胡惠春得知这一消息后，知道徐伯郊所面临的困难，由他出面和英国银行疏通，并出面担保。这样徐伯郊才将郭昭俊抵押在英国银行的"二希"帖取出，和郭昭俊一起带着"二希"去了澳门。胡惠春虽然做了担保，但他提出一个条件要为他保守秘密，因为中南银行的业务主要在台湾和南洋，为此他和台湾的关系密切。如果泄露了这一秘密，中南银行的财路就要受到严重的威胁。胡惠春此举是承担着极大风险的。即使到了晚年，局势发生了根本变化，"二希"帖的回归又被炒得沸沸扬扬，胡惠春仍然是不显山不露水地泰然处之。

　　当时，郑振铎还在仰光访问，得到徐伯郊函告经过，非常高兴，并复信徐伯郊："凡是'国宝'，我们都是要争取的。"在香港，陈澄中藏书是当时收购重点。陈澄中与北方周叔弢都是著名藏书家，曾被称之为"南陈北周"。郑振铎在致徐森玉信中，两次提及，一信说："香港陈澄中处的善本书，正托伯郊在进行中，不知先生便中能否致函给陈君，劝说他一下否？不趁此时加紧收购，便不易掌握得住了。"从1952年开始，就由徐伯郊出面交涉，直到1955年才成功地收购了包括著名的南宋刻本《昌黎先生集》、《河东先生集》以及许多宋元善本、明抄黄跋等，都是陈氏藏书的精华。郑振铎致徐森玉信中云："二十三日手示奉悉，斐云（赵万里）兄因事赴沪，想已见到。陈澄中书得成交，从此了却一件大事，我们均应和张菊老（张元济）一样欢欣鼓舞也。唯书虽已点交，却尚未入国门，尚乞秘之为盼。已另函菊老，告知此事。想他一定大为兴奋也。至此，国内藏书已归于'一'。藏中只有傅忠谟和伯郊两家了。这两家不成问题的，迟早会归'公家'所有。唯既归于'一'，则必须妥求保护、保管之方。"（图八〇）又一信云："估计收购之举，在三两年之内，就差不多可以告结束矣。将来即有款，也只能零星收购，万难有成批整家的旧书可得了。"郑振铎在致张元济信中亦说："从此，善本图书的收集工作，除了存于台湾及美国者外，可以告以段落了。"

在给徐森玉的信中，郑振铎对徐伯郊表现出极大的欣赏，不止一次谈到徐伯郊为文物回归立下的功劳。现从信中摘录几段，以作佐证。

在给徐森玉的一封信中，郑振铎写道："昨天，广州带来不少好画，马远《踏歌图》（图八一）、朱德润《秀野轩》卷、小米《海岳庵》卷、赵子固《墨兰》卷都到了，平添'春色'不少！更有商琦的《春山图》卷，绝佳，亦《佚目》中物，实是人间孤本，皆伯郊之功也。便告，当展颜一笑也。又有王晋卿《蝶恋花词》卷，亦是赫赫有名之物。故宫绘画馆得此五件宋元人物，更可虎虎有生气。开馆时，务盼先生和稚柳兄能来一趟。如能再有李成、范宽、巨然、李公麟、夏圭等诸家，则论述中国绘画史的，便可以此馆作为依归了。周叔濂处盼先生能善为说辞，周湘云旧藏，尚有王若水一轴，亦盼能一并成交。"

在给徐森玉的另一封信中，郑振铎又写道："伯郊兄已由港回穗。闻已同王毅同志一同到沪。他这次回沪，主要是探望你，关于陈澄中善本书事，伯郊兄已在接洽，乞勿念。……他（伯郊）已为国家救了不少重要文物，他的功绩是显著的。但今后其他字画，已不太多，拟暂停止一个时期，且静观一下。否则，过于热心了，价格一定会更加腾贵的。他携回的东西，请先生和稚柳、平羽仔细的鉴定，特别是王蒙和其他元人的画、新罗的画，务祈法眼辨明，以便决定购买与否。"

在书画鉴定方面，徐森玉固然要依靠谢稚柳，郑振铎对谢稚柳也备加爱护，把他视为在南方的"书画掌眼人"。郑振铎在香港及南方为故宫收购书画，可以说是无不经过谢稚柳鉴定。在收购香港王南屏所收藏书画时，郑振铎、徐森玉、徐伯郊都花了很大的功夫。郑振铎在给徐森玉的一封长信中，详细谈了此项收购问题。郑振铎信

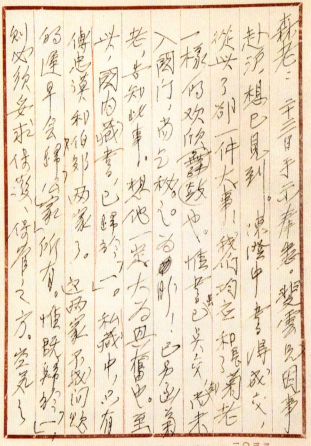

八二　宋米友仁《潇湘奇观》卷（局部）

中说："关于收购王南屏藏画事情，今晨与葱玉详谈了一下。他说：顾定之竹卷是好的，但王南屏有米友仁《潇湘奇观》（图八二）和赵子固《墨兰》二卷，更是必须收归国有之物，请伯郊再和他商量。"其他还要从王南屏那里收购什么，郑振铎根据张葱玉的意见，在信中谈得很具体（图八三）：

（一）王氏所藏"画中九友"的"山水"是否全是佳品，盼能详列各轴名称、印记及题跋（不必抄录跋文），以便查考。

（二）他的四王、吴、恽，亦盼能够开列名称及印记、题跋，不知是否从王伯元那里购到的？如为王伯元旧物，则为极精之品，亦应加以收购，不可放过。

（三）夏仲昭竹二轴，是否即《晴风雨竹》？

（四）顾定之竹的来价是否"十条"？他（张珩）记得，这卷子和赵子固《墨兰》一同购进的，一共是多少条？

又，他的钱叔美山水，不知好不好？如好，亦可要。扬州八怪，不易凑齐，但故宫博（物院）设立美术馆，则非凑齐一套不可。此间绝无此类画幅，不知上海有郑板桥、边寿民、高翔、高凤翰等的挂轴否？黄慎和李方膺的也想要。王氏目中有《李晴江墨竹》亦可收。

经徐伯郊的努力，王南屏最后出售一批书画卖给北京，这从郑振铎给徐森玉信中亦可反映出来："王南屏所藏画，现决定先购下（一）倪竹，（二）夏竹，（三）画中九友，共十一轴又一卷，价值总五十万，当如数付给。顾竹亦可购，但总觉得稍贵，故一时尚难决定，不知能否再让价若干。此款数日后即汇上。赵兰、小米潇湘及

局理管業事化文會社部化文府政民人央中

〇二五二（四）話電　城圍外門南海北京北

（一）

八三　郑振铎致徐森玉信（部分）。信中要徐文堈在香港为故宫博物院收购王南屏所藏书画

局理管業事化文會社部化文府政民人央中

又，他的残物美丑北，另知好另好，妙妙，亦可要。

扬州八怪，另易凑齐。但好当得的较文美

术馆，刘非秦介（套了了。以前绝无此类

（西画幅，另知尊有郑板桥，边寿民，高翔，高凤

翰等的挂轴都汪慎和李方膺的也想要。王氏

月中有李晴江墨竹亦了收。

一切仍旧。先生主持为愿：经过了五反之后

古文物好置犯，似乎着手。惟须以不扰

民为主。怕犯了，一声挖犯，又要兹动一番。

须以自动为要，说服为先。工作是很困难、

八四　郑振铎致徐森玉信。信中谈及香港王南屏最后出售一批书画的情况

文彦博书札，势在必得，可在港商价购下。王南屏态度诚实，自然顾到他的困难。"（图八四）王南屏这批收藏运到上海，经谢稚柳一一鉴定后才送往北京。在徐森玉、徐伯郊父子的帮助下，郑振铎为故宫博物院从香港收购的文物还有唐韩滉《五牛图》卷、五代董源《潇湘图》卷、顾闳中《韩熙载夜宴图》、宋徽宗赵佶《祥龙石图》卷、李唐《采薇图》卷、元吴镇《渔父图》轴及一大批珍贵的善本图书，都是堪称国宝的稀世珍品（图八五、八六）。

张大千定居台北后，曾向庄尚严叙述他得《韩熙载夜宴图》的

八五 唐韩滉《五牛图》卷（局部）

八六 元吴镇《渔父图》轴（局部）

经过（图八七）。

　　1955年春，张大千由香港到了台湾，在雾峰北沟故宫博物院库房看书画。庄尚严负责接待。他随身带了几件书画名迹，全是大风堂在抗战胜利后新获奇物。其中有董源的《潇湘图》卷、顾闳中的《韩熙载夜宴图》卷、黄庭坚的《伏波神祠》卷，这是几件使人惊心动魄的巨迹，令人看后无不拍案叫绝。张大千曾自述获得顾闳中的《韩熙载夜宴图》的经过：抗日战争胜利不久，他由重庆乘飞机往北平，计划移家北方，定居久住。当时已经物色到一座大宅院，原为前清某王王府。该宅不只院宇宽大，而且建有花园。民国以来，北平的阔人，都以能住前清王府为荣，如顾维钧在铁狮子胡同，熊希龄在太平湖的住宅，全是旧日王府。张大千的住宅本已谈定若干金

八七　五代顾闳中《韩熙载夜宴图》（局部）

条。经过多日张罗，他即可成交入居。忽有琉璃厂某一古玩店，为他送去古画一卷，展视知为顾闳中的孤本《韩熙载夜宴图》。观后为之狂喜，觉得非买不可。可是该卷索价奇昂，房子与古董既然不能兼得，经过数日考虑，终将顾卷买下。因为那所大王府不一定立刻有主顾，而《韩熙载夜宴图》却可能稍纵即失，永不再返。所以把买房子的金条，全部移用买画。得画不久，北方局势日非，定居北平的计划，遂不得不放弃。他携卷离开北平后，终于无法再往。然此卷名迹却始终随身携带，他甚至还刻了一方印章："东西南北只有相随无别离"钤在此卷上。倘若当时不能弃屋而就画，则必两者皆空。庄尚严说："大千言下，颇有得意色。"

董源《潇湘图》卷、顾闳中《韩熙载夜宴图》都是张大千的旧藏。1952年夏天，张氏举家迁居南美阿根廷。翌年5月，应于右任之邀，到台湾办画展，同时前往台中雾峰北沟参观故宫博物院名画。他随身携带了《潇湘图》卷及《韩熙载夜宴图》与故宫同仁欣赏，并表示欲将这两画脱售，以此款维持在国外的开支。当时，台北故宫博物院无力及此。最后，张大千将它们携至香港，经徐伯郊之手购

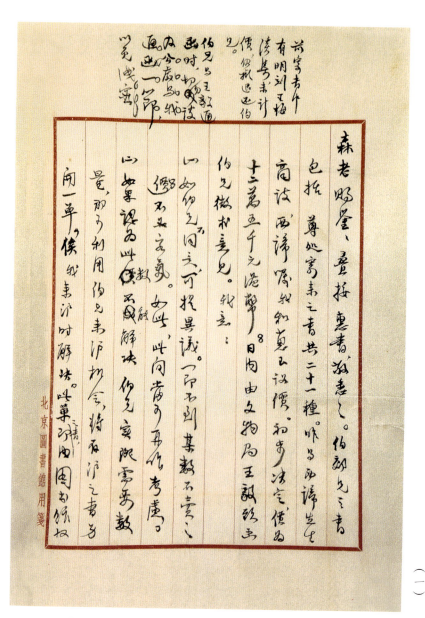

八八　赵万里致徐森玉信。信中谈及徐文坰在香港为北京图书馆购买古籍事宜

媒，惟不师支付港币，此钱花上海支付人民币，此点不知你以有困难否？

坚西立，诸刻苦你以改虑所作画为好，以候口费正则似，再定行止。（此出西谱问题必诸及此

南行运。现时可提前南下，以便解决问题。

以考现帖之物品方面有问题，所以希望你加坚当通校方欢到有欢北这个顾虑可打消了。快宗威先生正当紫府乙序差车书月，此目已无存书，正欢书店接考中，诸刻为荷。

写作品相约之美，欢以取情。寄来画俟有事奇来寺到此

(二)

小箱尚未到，到後再看奴。前寄予物為予看如京本渭南之菜，因予物為已搬至文化部大楼，書塔公郭也無儲藏處，所以今天搬至竹中委本庫暂存，先正好合藏一起，汴你奴到明到春每月之養蓄之也。無之即頌

道安。

　　　弟　萬世正

　　　大十六

伯之即泝如此即此改候不多。

池家威先生欠於移邊印件爱

見时付马

（三）

八九　赵万里致徐文坰信。信中谈及徐文坰在香港购书价格一事

回，归故宫博物院收藏。

　　1952年，经徐森玉、徐伯郊父子及郑振铎的疏通协调，复旦大学教授潘世兹将其父潘宗周藏在香港的一批古籍捐献给中央人民政府。这批多达111部共计1088册的珍贵典籍，有105部是宋版，6部为元版，不少传为海内孤本，抗日战争期间流入香港。

　　潘宗周（1867～1939年）字明训，广东南海人。1919年到上海，藏书有佞宋癖，遇有善本，重值不吝，但除宋元旧版则不屑一顾。其藏本均经张元济、徐森玉二人鉴定过，镇库之宝为得之于袁克文（寒云）之手的宋刊《礼记正义》。这部书为宋王朝南渡后三山黄唐所刊，原藏山东曲阜的孔府中，是海内孤本，系孔府中传世之宝，不知何

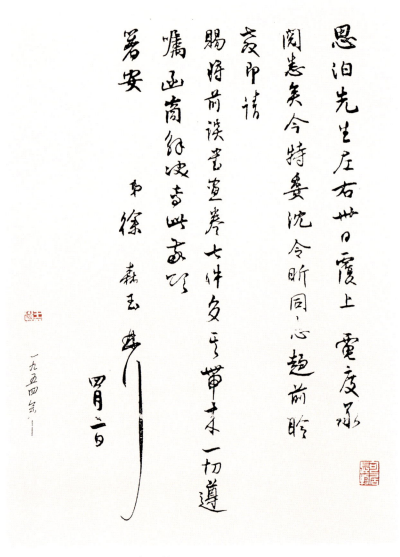

九〇　徐森玉致于省吾信

时、何故流入袁克文之手。宋版《礼记正义》上的题诗，是为一位
女友而写，情真意切，句句哀婉动人。一日，袁克文携《礼记正义》
登门求售，潘氏即以十万两银子成交。潘氏得此书，适值新居落成，
因额其居曰"宝礼堂"。1941年，太平洋战争爆发，潘世兹将藏书转

运香港。

　　从1951年9月开始，到1953年年底，从香港收购流散文物的工作告一段落。在历时两年多的收购中，我国政府共拨出二百三十五万港元，不仅将散佚在香港的中国古代书画、书籍抢救回来，而且还抢救回来我国古代各历史时期、各地区发行的金、银、铜币，纸钞、钞版等十七万余件（图八八至九〇）。对此，徐森玉、徐文堈父子立下了汗马功劳。

十三　爱才若渴的学人风范

　　火以薪传，这是中国文化的传统。徐森玉于此是一个典范。对于学术杰出人士，无论前人、同辈或后进，他所欣赏佩服的，无不极力为之揄扬。前人如何绍基，人们都称赞他的书法，徐森玉则盛称他的学问，推崇何绍基的《东洲草堂集》。同辈学者如陈寅恪，回国后，在清华国学研究院任导师时，名气并未大著，徐森玉已极力为之揄扬。抗日战争胜利后，钱钟书是以《谈艺录》的出版而得名的，但是在该书出版之前，徐森玉对后进的钱钟书称赞备至。因此，钱钟书才会写《徐森玉丈（鸿宝）间道入蜀话别》那首诗：

> 春水生宜去，青天上亦难。
> 西江望活鲋，东海羡逃鳗。
> 送远自崖返，登高隔陇看。
> 围城轻托命，转赚祝平安。

　　徐森玉不仅在学术上目光如炬，而且爱才若渴。"五四运动"发生时，徐森玉任教育部佥事，北京学生出外游行示威的消息传到教育部，教育总长傅增湘认为此风不可长，派参事陆懋德前去劝阻，学生高呼打倒，陆狼狈逃回报告。再派徐森玉前去。徐森玉对学生说：你们的爱国行动我非常赞成，我也追随。学生大表欢迎。教育总长、著名藏书家傅增湘，在"五四运动"后，提出辞呈，连夜乘火车由京汉铁路去了汉口。傅氏从教育部出走，在琉璃厂文友堂书铺借了旅费，即去火车西站，连家都没回。因为这是件破天荒的学生运动，他怕政府追究责任，归罪于他。傅、徐同是古书爱好者，又是老朋友，而对民主运动新潮流反应不同，有这样大的距离，这与徐森玉喜欢接近青年有关。研究文史的青年学人，受他奖掖鼓励的很多。他竭力公开他的见解，帮助别人，绝不像别的文化学人那样，霸占公家材料，据为己有，希望自己写文章成名。所以他受到同辈与后进学人的一致称赞。

徐森玉把晚辈吕贞白推荐给叶恭绰，在信中谆谆关照，极尽美言，对晚辈的爱护之心，跃然纸上。信云：久违光霁，驰结靡穷，迩维起居多祜。华东文化局吕君贞白率考古工作者卅余参观全国出土文物展览，渠佩仰先生关心文物，尤精鉴别，拟踵门求益，特作函介绍，如修刺时乞予接见为祷。吕君人品粹厚，熟于东南文献，好读旧书，如有垂询，可具陈也。贱疾前承垂问，感铭斯切。现虽出院，尚未脱体，凡验溲打针等事，均可自办，不必假手护士矣。

20世纪50年代，周绍良在人民文学出版社任职，主持筹划出版《西游记》，在搜集各种版本时，得知徐森玉藏有《出像古本西游证道书》，适逢徐在北京，遂相商借，以半个月为期。徐森玉回沪后，即把此书寄去，并附信云："暂留尊处不必限半个月掷还也。"周绍良之于徐森玉算是晚辈，但徐氏还是谦谦有礼，并没有以长者自居。

1979年2月18日，香港《大公报》发表慕周的文章《敬悼徐森玉先生》，其中写道："森玉先生名利之心甚为淡泊，为国家保护古物、搜罗图书则出力甚大，而未曾稍微夸耀居过功。他交游广阔，接触的人物多，对于政界及学术界的掌故知道的甚丰富，足为治清史与民国史的人供给第一手资料，可惜他无暇动笔。在抗战期间整天追随他保护古物的某君（现在台湾），听他讲的比我听到的多若干倍，但此君也只是想写而至今未写。"据笔者猜测，该文中所说的"某君"，大概即是台北故宫博物院的庄尚严。

徐森玉任上海市文物管理委员会副主任期间，负责征集文物的鉴定工作，手下有四大台柱：古籍版本方面是赵万里，青铜器方面是陈梦家（图九一、九二），书画是谢稚柳和潘伯鹰。他们都是追随徐森玉的后辈人物。如苏州潘祖荫所藏的大盂鼎、大克鼎由其后辈捐献时，就是由陈梦家鉴定的。陈梦家还动员上海收藏大家谭敬（和庵）把家藏青铜器陈子匜和陈纯釜捐赠上海市文管会。

陈梦家才情横溢，在中国古代史、甲骨文、青铜器、简牍乃至古代度量衡、明清家具的研究方面，都取得优异的成绩。他的《殷墟卜辞综述》《西周铜器断代》《汉简缀述》，都是这些领域研究者的必读之书。陈梦家早年毕业于中央大学法律系，一度是新月派走

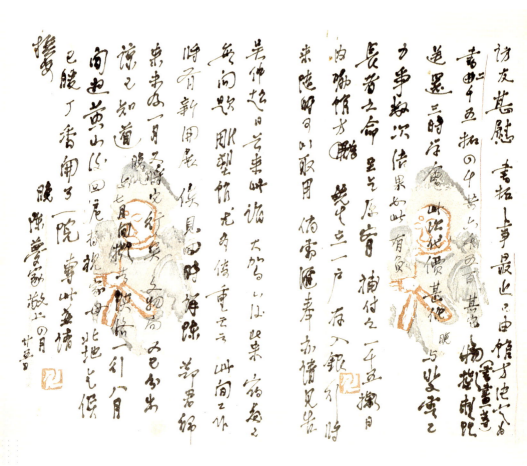

九一　陈梦家致徐森玉信。信中谈及徐氏出售藏书价格问题

红诗人，出版了《梦家诗集》。后又师从闻一多，从事学术研究。

1944年，陈梦家在金岳霖和费正清的推荐下受洛克菲勒基金会资助，赴美国芝加哥大学教授古文字学一年。1945年4月，他向哈佛燕京学社申请经费，开始为编写美国所藏的青铜器目录做资料准备。他向美国各大博物馆寄送了查询所藏青铜器资料表格，在古董商人卢芹斋的帮助下，又与众多的私人藏家建立了联系，在美国的时间也由一年延长至三年。自1946年2月始，他几次到加拿大安大略皇家博物馆收集整理安阳和洛阳金村出土的资料。1947年8月2

日至 9 月 4 日，他寻访了英国、法国、丹麦、荷兰和瑞典的公私收藏，搞清了当时北欧和西欧的中国青铜器收藏情况。

陈梦家曾撰文："看到我们自己国家如此精绝的历史文物毫无保障的被异邦占领了，是我们莫大耻辱，在考古学上遭到的损失，更是无法补偿……" 1946 年，陈梦家与芝加哥美术馆的东方部主任凯利合作，为美术馆藏有的中国青铜器编辑了图录《白金汉所藏中国青铜器图录》。

回国后，他又把在国外所看到的青铜器资料冠以《中国铜器综录》在国内出版。本来还要出续集，不料他在 1957 年蒙难，结果未成。1962 年出版的《美帝国主义劫掠的我国殷商铜器集录》，实际上是他的英文手稿《美国所藏中国铜器图录和青铜器综合研究》中的图录部分，与之相印证尚有分为十五章的文字部分《青铜器综合研究》，这是继郭沫若《两周金文辞大系》、《商周彝器通考》之后有关青铜器研究的又一突破。

陈梦家命运多舛，1957 年被错误地划为"右派分子"。对此，徐森玉不只是给予极大的同情和惋惜，而且曾为改变对陈的不公正待遇而奔走呼喊。

1957 年，身在上海的徐森玉就对在北京的赵万里、陈梦家的命运感到忧心忡忡。详细情况，我们已无从知道，只能从赵万里给徐森玉的信中窥见一斑。

1957 年 8 月 15 日，赵万里在致徐森玉的信中说："梦家情绪低落，人也消瘦了许多，看来是在劫难逃了。" 9 月 29 日，赵万里致徐森玉信云：他"曾两函刘哲民先生查询，亦未置答（以前刘先生来函甚频，最近忽又寂然），深以为奇。"鸣放"期间，不知伊有问题（可能是近来忙于整风学习之故），敢恳吾公就近（康平路距天平路很近）委托贵会一同志前一问刘哲民先生近况如何？"此信又云："据张明善言，梦家事尚未结束，正在交待中。向达是个右派分子，想公在《文汇报》上已见到。闻问题相当严重，北大已开会斗争多次。又闻今天下午和晚间北大召开全校教职员大会进行批判，不知如何结束也。"此信又附言："国庆后馆中将全面展开斗争张申府，此

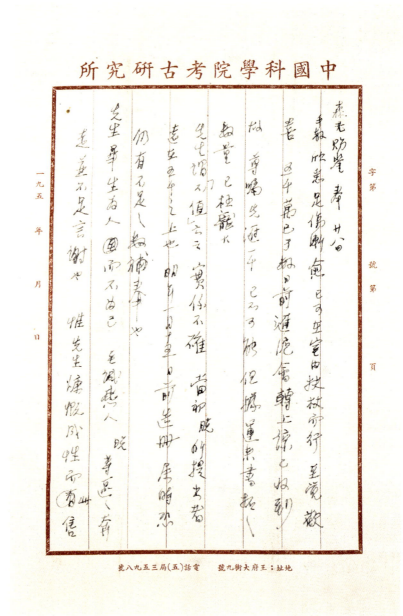

九二 陈梦家致徐森玉信。信中谈及徐氏出售藏书及拓片一事

中國科學院考古研究所

字第 號 第 頁

一九五 年 月 日

（二）

人现在家中纳福，久不上班。"10月16日信中云："馆中右派共二名，一党员张某，一张申府，正追击中，梦家的处境极为困难。"

徐森玉当时的态度如何，有没有回信，今天已无从知道。据当时任徐森玉秘书、后任上海博物馆副馆长的汪庆正告知笔者：赵万里的信使徐森玉极为焦虑，直到在报纸上看到陈梦家被列入"右派"名单，徐森玉顿足长叹："唉，毁了一个人才！"

陈梦家蒙难之后，接受批判自然是难免的。除批判他和其他"右派分子"的共性，诸如"外行不能领导内行"等等，其实陈梦家的确切"罪行"是他对文字改革的看法。他认为中国字不能简化，更不能拉丁化，中国文字的魅力就在于他的特殊的美。他的另一罪名就是"反对马列主义"，主要表现在考古的研究上。对他的新作《殷墟卜辞综述》，有的文章批判他"没有完全采取实事求是的态度，以至编制草率，出现很多错误"。"此书里有很大一部分只是引用复述了前人、近人的学说，这些转引的理论也是不妥的"。"作者对殷代社会性质及其发展途径没有明确认识"，"只罗列了庞杂的现象，不能提高到理论阶段，同时对若干现象也不能有满意的解释。这和马列主义的历史科学相距是很远的"。"陈梦家于此自视甚高，是不相称的"。还有的文章批判他："陈梦家向来以'专家'自居的，现在让我们剥去这位'专家'的画皮，看看他黑色的肺腑里都包藏些什么货色。他不止一次地炫耀自己在学术上的所谓'成绩'，其实，他不过是拾人牙慧、攘为己有、招摇撞骗的走方郎中而已。"《殷墟卜辞综述》，整章整节是改头换面抄袭来的"。"别人弄错的地方他也跟上抄错了"。有的文章批判他抄得不够，有的文章批判他抄得太多。

笔者对甲骨学无知，但陈梦家在该书"校后附记"中已经说此书"对诸家之说，抉择取舍之处未必尽当；而我自己立说往往游移不定"。我想这是作者的由衷之言，首先他讲明这本书的性质是综合诸家之说，其次感到自己的水平不够，书还有不少缺陷。陈梦家能说这样的话可谓是有自知之明，很不容易。而批判者却不管这些，对陈梦家乱加讨伐一通。

正当陈梦家的《殷墟卜辞综述》遭到政治性的批判时，日本学者赤塚忠于1958年在《甲骨学》第六期上发表了他的论文《读陈梦家氏〈殷墟卜辞综述〉》，对《综述》给予了很高的评价。

1960年春天，徐森玉带着秘书汪庆正到了北京，第一件事就是去看望陈梦家。这时，陈梦家仍然戴着"右派"帽子。见到徐森玉自然是很高兴，说："我不便到宾馆去看你们，怕连累你们。"徐森玉一听就很不高兴，说："这是什么话，放屁！"

接着，徐森玉又要带陈梦家去看望朱启钤。

朱启钤（1872～1964年），谱名启纶，字桂辛，号蠖公，榜其居曰"存素堂"，贵州开阳人。幼年丧父，青年时随姨父瞿鸿禨（晚清工部尚书、军机大臣）在四川任下级官吏。辛亥革命后发达起来，从1912年到1916年，在四年多的时间里，他当了北洋政府的五任交通总长和三任内务总长，并代理了一任国务总理。

去拜会朱启钤这样的收藏家，陈梦家当然是很愿意的，但是他不能去，说："我不去了，别给朱老添麻烦。"徐森玉说："梦家，你要是右派，我和朱启钤更应该是右派了，而且是老右派。"既然徐森玉把话说到这份儿上，陈梦家也就不再多说，一同随往。

在北京期间，徐森玉到处为陈梦家摘去右派帽子奔走呼吁。他先去找文物局局长王冶秋，说："你们不作兴啊，怎么好这样亏待陈梦家，到现在还戴着帽子。"

王冶秋说："陈梦家的事，我们文物局管不了，是社科院尹达管的。"

徐森玉又要汪庆正找王冶秋派车去找尹达。

第二天，徐森玉到了社科院，尹达请他吃茶。他说："我不是来吃茶的，是来找你关心陈梦家。他是个有用之才，不作兴这样对待他，你们要把右派帽子给他摘掉。"

徐森玉的声音很大，尹达说："森老，你不要生气，这件事情我一个人也做不了主，我一定把你的意见反映上去，和各方面商量商量。"

徐森玉说："陈梦家的事，我也会去找郭沫若说的。文物局我也说过了，来的车也是王冶秋派的。"

后来，郭沫若请徐森玉吃饭，徐森玉又说："你要替陈梦家说话，他为你做了那样多的事情，你不能不管啊！"

郭沫若："是啊，是啊，我一定要关心。"

20世纪60年代前后，甘肃武威磨咀子汉墓出土了《仪礼》简册，学术界为之震动。科学院院长郭沫若在北京组织专家，要对这批汉简进行整理、研究。开始找了唐兰和于省吾整理注释。唐兰和于省吾的年纪已不小了，几位专家都认为这批汉简的整理研究要花三到五年的时间，且需要一些助手才能完成。这时的郭沫若仍然是充满激情的学者，他认为三五年太久，要只争朝夕。

徐森玉知道这件事后，叫汪庆正先打电话给陈梦家问他的身体状况。徐森玉知道陈梦家的身体还可以之后，就打电话给郭沫若，推荐陈梦家。

郭沫若沉吟了一阵："梦家还戴着右派帽子啊。"

徐森玉说："郭老啊，现在是用人之际，梦家头上的帽子就在你的手里啊。"

1960年6月至7月间，还戴着"右派"帽子的陈梦家就被考古所派往兰州，协助甘肃省博物馆整理武威磨咀子出土的汉简。在不太长的时间里，他和甘肃省博物馆的研究人员就把这批汉简整理出来，并开始进一步研究，写了释文、校记和叙论。后又经几次反复修改，于1962年定稿出书，名为《武威汉简》。这时，他还负责《居延汉简甲乙编》的编纂工作，因为研究汉简的兴趣陡然大增，以致中断了西周铜器断代的研究工作。

从1960年到1965年初的四年当中，陈梦家作为摘帽右派，忍受着精神上极大的创伤，坚持不懈地继续进行学术研究，先后完成了三十万字的十四篇汉简研究论文，并亲自将其汇集为《汉简缀述》一书。

另外，他还写了《战国楚帛书考》、《越兵考》、《编钟堵肆考》、《叔夷钟镈考》、《编钟镈盘考》及《宋大晟编钟考》。又因汉简研究的需要，开始着手进行历代度量衡的研究。

从苦难中走过来的陈梦家，仍然保持着直言不讳的性格，有好心的朋友劝他："你忘记了过去吃过的苦头？你如今这样的身份，还是不要随便讲话的好。"陈梦家说："不让我说话，那我活着干什么？"这就是陈梦家的性格。结果遭受了更大的苦难，在"文革"中被迫害身亡。

十四　周恩来说："我们又失去了一个国宝"

　　徐森玉交游广阔，接触的人物众多，对于政界及学术界的掌故知道得甚为丰富,可为治清末与民国史的人提供足够的第一手材料。可惜他献毕生精力于文物事业，无暇动笔。在抗战期间居于安顺华严洞时，追随他保护文物的庄尚严、傅振伦听他讲述很多，庄尚严曾打算整理成文。1948年，庄尚严随船押运文物去台湾时，笔记没有带走，此事便没有了结果。

　　在任职上海市文物管理委员会期间，为了能使他的学识及藏之于胸的人文掌故形诸笔墨，市里派了青年汪庆正任他的秘书。除了照顾他的生活，还在他闲谈时，为他作一些笔记，用以整理成文。因此在1960年至1965年期间，徐森玉在《文物》等专业性的刊物上发表了一些有关碑刻法帖的论文。

　　汪庆正对笔者说：他在徐森玉身边做三件事，首先做些具体工作，即信件处理，公文往来。二是跑腿，徐森玉指定要买的东西，汪庆正就去奔波，想办法把它买到。如上海博物馆藏的几把团扇就是从大陆银行的老板许汉卿家收购的。上海图书馆藏的《郁孤台帖》、《凤墅帖》也都是汪庆正跑腿收购的。吴湖帆藏的宋拓本《许真人井铭》（图九三），徐森玉要买，汪庆正便经常去吴家陪着下围棋，花了几年功夫才征集到手。北京琉璃厂庆云堂的碑帖，汪庆正也收购了不少。

　　汪庆正在徐森玉身边干的第三件事就是学习。汪庆正说："森老学识渊博，不学习就无法在他身边工作。"汪庆正的学习从陈梦家那里得益多多。最好的学习方法，就是为徐森玉捉刀代笔。

　　汪庆正是"少白头"，很年轻的时候头发就白了。有一次笔者问他：是何事使君白了少年头？他脱口而出："替徐老代笔写文章。"当时，徐森玉、谢稚柳两个人一间办公室，作为秘书的汪庆正随其左右，当然也坐在这个办公室里。徐森玉有什么想法就提出来讨论，由

九三　《许真人井铭》

汪庆正记录并整理成文。在汪庆正代笔的诸篇文章中，最可当作趣谈的，是发表在1965年第11期《文物》上的《〈兰亭序〉真伪的我见》。

1965年7月23日《光明日报》发表了南京高二适的《〈兰亭序〉的真伪驳议》。同年，《文物》第7期又影印高二适该文的全文手稿，这是极为少见的。

高二适写此文的起因是该年5月22日，郭沫若写了《由王谢墓志的出土论到兰亭的真伪》，后在《光明日报》连载，又在《文物》上发表。郭文批判了《兰亭序》后半段有悲观的论调，不是王羲之的思想，因而断言"《兰亭序》是依托的，它既不是王羲之的原文，更不是王羲之的笔迹"，从而进一步认定"现存王羲之的草书，是否是王羲之的真迹，还是值得作进一步研究"。由郭沫若的文章引出高二适的文章。

高二适的文章投寄报刊，本想引起争论，结果以退稿处之。章士钊是高二适的老师。高二适将文章寄给章士钊，章又把高文转给毛泽东。毛泽东读了高文后给章士钊复信云："争论是应该有的，我当劝说郭老、康生、伯达诸同志赞成高二适一文公诸于世。"

高二适的文章发表后，康生组织文章支持郭沫若。以《文物》杂志发表的顺序来看，第9期发表郭沫若的《〈驳议〉的商讨和〈兰亭序〉的老庄思想》，第10期发表龙潜的《揭开〈兰亭序〉迷信的外衣》，启功的《〈兰亭序〉的迷信应该破除》，于硕的《〈兰亭序〉并非铁案》。康生对这些文章都不满意，于是派人来上海请徐森玉写文章。

在文物界，徐森玉是一言九鼎。徐森玉和谢稚柳讨论，认为写文章支持郭沫若容易，但驳倒高二适很难。最后由汪庆正为徐森玉代笔写了一篇绕圈子的义章，虽支持郭沫若，但又避开了和高二适的论辩。汪庆正说："写这种文章何其难也，才一夜白了少年头。"

一生不事著述的徐森玉，到了晚年，文思泉涌，写了论文多篇，如1962年发表的《蜀石经和北宋二体石经》、《宝晋帖考》，1964年发表的《西汉石刻文字初探》、《兰亭续帖》，还有就是1965年发表的《〈兰亭序〉真伪的我见》，都是他的小秘书汪庆正遵照他的见解代笔写成。

他的本意不是想发表什么论文，而是通过写论文的方式来培养汪庆正。汪庆正不负徐森玉的厚望，自己撰写了《东汉石刻文字综述》及碑帖研究的论文多篇，成为当今帖学专家。他对最善本《淳化阁帖》的研究与收购回归更见功力。

这里需着重一提的是《宝晋斋法帖》。宝晋是米芾的斋名，米芾所作《书史》说："余白首收晋帖，止得谢安一帖，开元建中御府物，曾入王涯家；右军二帖，贞观御府印；子敬一帖，有褚遂良题，又

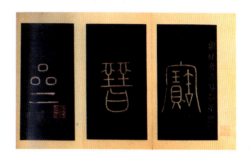

九四　《宝晋斋法帖》

有丞相王铎家印记；及有顾恺之、戴逵画净名天女，观音，遂以所居为宝晋斋。"又《画史》说："盖缘数晋物，命所居晋斋，身到则挂之。"这说明晋人书画，他是随身携带，到了哪里就在哪里挂起来。

崇宁三年（1104年），米芾在无为任知县的时候，在他所住的地方也曾挂过"宝晋斋"的匾额，并且在那里刻过谢安和王羲之父子三帖，即谢安《八月五日帖》、王羲之《王略帖》、王献之《十二月帖》。

《宝晋斋法帖》十卷，除了米芾藏的三帖外，又增加了晋帖，是一部比较完整的宋刻丛帖，是曹之格在南宋末咸淳年间（1266年）所刻（图九四）。

其内容除少数以真迹上石之外，绝大部分是翻刻其他法帖的，主要翻曹士冕的《星凤楼帖》。曹士冕是《法帖谱系》的作者曹彦约之子，是南宋的大收藏家。曹之格是曹士冕的子侄辈。由于《宝晋斋法帖》所从出的底本，如《星凤楼帖》等，早已失传，因而明代一些集帖，都是以《宝晋斋法帖》这个十卷本为依据的。这个十卷的《宝晋斋法帖》珍本，是目前所知比较完整的。在徐森玉发现并主持影印出版之前，一向很少有人见到。

元陈绎曾《翰林要诀》云："宝晋斋帖，曹之格摹刻，星凤之子，至诸帖为最下。今佳帖难得，学者赖此得见晋人仿佛耳。"

陈绎曾对《宝晋斋法帖》持否定态度，影响了人们对它的价值的认识。从元到清，评论家一直对它有不同的看法。1949年以后，徐森玉为上海市文管会收得此帖。

经过几年时间，他不只是对卷中诸帖进行考证，对诸家的评论亦进行了考证。多数评论家没有看到法帖的全貌，有的根本就没有看到过，只是人云亦云。1962年，徐森玉主持上海市文管会与中华书局上海编辑所将之联合影印出版，并把自己研究的见解"假手于青年同志"汪庆正成文刊出，为研究宋代刻帖发展提供了重要的史实根据。

《宝晋斋法帖》十卷出版，由康生题签。康生对碑帖、版本的学养非同一般。他来上海常向徐森玉请教，并曾建议徐森玉主持汉石经研究，所以汪庆正才有《东汉石刻文字综述》之作。为题签之事，康生曾给魏文伯写过一封信。我们不能因人废言，且摘录数语以表史实："《宝晋斋法帖》已付印，此大好事，以前伯达同志还几次提议过。""自今春到夏，到处奔波，不执笔者已将一载，估计国庆前又可能出去，恐不能安心写字，加之多日不写，手疏指拙，笔不成书，写出来恐怕有玷法帖。我看还是找上海名书家一题吧！"话虽然这样说，康生还是题写了两张签条。我想康生的话不是虚伪的自谦，因为他知道《宝晋斋法帖》的分量。魏文伯的字写得不错，但他也不敢为此帖题签，要去请康生题。在珍贵的文化遗产面前，他们都还能掂掂自己的斤两。

徐森玉既是饱学之士，亦是一位十分重情义的老人。直到他的晚年，有一段时间，他早上到博物馆上班，嘴里总是哼着："沈园柳老不吹绵"。大家都知道他是思念原配夫人王氏。此句是宋代陆游《沈园》七绝第二首第二句。原诗是"梦断香消四十年，沈园柳老不吹绵。此身行作稽山士，犹吊遗踪一泫然。"这是陆游悼念妻子唐婉之诗，徐森玉在哼着它的时候，该是一种什么样的心情呢！

十年动乱一开始，徐森玉就成了上海博物馆的"头号反动学术权威"。的确，在造反派的眼里，只凭他那样的经历，就足以把他"打倒在地，再踏上一只脚"了。

一夜之间，上海博物馆楼上楼下贴满了他的大字报，喷气式、挂黑牌、隔离、进牛棚、批斗，更是天天"必修的功课"了。这位为祖国文物事业奉献了毕生精力而又做出巨大贡献的文博大家，这时已是九十高龄的老人，被列为上海市十大批斗对象之一，说他不是国宝，而是"国贼"。

即使在这种情况下，在一次批斗会上，有谢稚柳陪斗，他还悄悄和谢稚柳讨论文物的安全问题。他寓意颇深地讲了中原混战、晋室南渡时，几十船文物沉没江底的故事，说："文物太集中，要有前车之鉴，还是分散收藏为好。"他哪里知道，分散在收藏家家中的文物，此时也正遭受劫难。

版本学家黄裳在一篇纪念文章中，也记述了徐森玉在批斗会上的情景："多年前的一天，要开大会批斗徐森玉。大会即将开始，会场里挤满了人。只听得两位老人在高声争论，争论的双方就是徐森玉和陪斗者尹石公。争论的是有关一首古诗的解释和评论。真是旁若无人，狂言惊座。他们都是刚从'牛棚'里牵出来的老家伙，在这样的场合，以这样的身份，进行这样一场目空一切的讨论，不禁使所有在场的人吃惊了。这讨论一直持续到大会开始，他俩被拉到台上示众才结束。有人说，'徐森玉大概是老糊涂了'……"黄裳认为，这是老人家的最高境界，是在那样危险的情况下，对"四人帮"表示的最高蔑视！

可惜的是，以他年近九旬之躯，实已无力再抵御这场洪水猛兽

九五　晚年的徐森玉

了（图九五）。

在又一次批斗大会上，这位曾两次腿骨折裂的老人颈上被挂上了沉重的黑牌，站立的时间过久，他身体开始摇晃，两眼金星乱冒。他伸手去抓面前竖着的话筒，不料话筒倒了下来，人也栽倒在地，鲜血立刻从他的头上流了下来。

1970年，徐森玉迎来了他九十岁大寿，香港中文大学教授福山牟润孙撰《徐森玉先生九十寿序》，情意切切，概括了徐森玉辉煌而又平淡的一生，全文录之于后，算是这本小书的终篇。

"轻富贵易，轻没世之名难。山林枯槁寂寞之士，尽亦有置没世之名于不顾者；特其人多孤芳自赏，不与世同休戚，斯孔子有鸟兽不可与同群之叹也。旷观今日士夫，莫不以富贵为趋，以声华相逐；由是以害群毒类，亦悍然安忍为之；世变之酷，殆根于此。顾其中有一人焉，和其光，同其尘，涅而不缁，皓皓乎超富贵声华而上之，勤勤焉，恳恳焉，唯以淑世为心，则吴兴徐先生森玉是矣。先生受业于式枚晦若先生之门，贯通经史，尤工骈俪，学至精博，而谦挹珍秘，不轻示人。润孙可得而言者，约有三焉：先生深于录略之学，论历代典籍传写雕印之源流沿革，如数家珍，造诣所极，冠绝海内。京师、北平、东方、中央、上海各馆之设立，搜集采访，都先生任之，以故华夏藏书于兵火外流之余，犹得保存劫灰于万一。今之司典籍、言版本能略窥门径者，溯其师承，尽皆渊源于先生。即南北诸藏书家商榷质疑者，亦踵相接也。先生未著书言版本，且未手编目录，悉以其所知者启迪后学，助人撰述，此其一也。近人重考古，更好言艺术，殷周铜器、古物字画以及碑版石刻，论之者多矣，而言及鉴别真伪、考订年代，群敛手推先生为祭酒。论者聚讼莫决之事，往往得其一言而解。平生所得，悉奉之于公，痛绝巧取豪夺以自肥之行，一室萧然，无奇书古物之私蓄，如世流名士之所为者，此其二也。法相宗自玄奘窥基而后，中土久绝嗣响。先生中年皈依三宝，精研唯识，建三时学会以居之。公退之暇，茹素研诵，探隐索与，湛密圆融，韩居士德清，备加推许，以为举世无两。先生则深藏若虚，未见其笔之于书，从不闻其为人说法，此其三也。至于光宣以降，民国而后，政潮起伏关键，文物散佚存废轶闻，先生之所亲历目睹者，润孙尝侍坐左右，获闻其一二，率为未曾传世之秘辛。惜乎先生淡泊自甘，忘情述作，有人欲笔录之，因循迁延，终成虚愿。果能形诸楮墨，则徐一士、刘禺生辈与夫今日谈掌故者流，岂能望其项背哉？先生好奖掖后进，人有一善之长，称誉不绝于口。值请益问难者，又未尝不谆谆反复详告之。承学之士，无问耆硕后进，咸衷心悦服而喜与之游；虽其人政见有左右之歧异，思想有缓急之错出，先生旷怀远韵，泯其异同，唯与之以学问相期，以肝胆相照而已。先生自民初官教育部佥事，历充图书馆主任，故宫博物院古物馆长、副院长诸职。屡有升晋之机，谦逊退让，避首长而不为，虽当轴敦促殷殷，辄婉言谢绝。日唯布衣，出则徒行，间或乘公共市车。名位已通显而自奉俭约，无异于寒素。处世和易，不与人忤，宽以待下，亦未尝阿谀取容于权贵。性最嗜游，足迹遍天下名山，东南西北，殆无不至者。华、岱、衡、嵩、盘、黄、匡庐、雁荡，既皆登绝顶、攀悬壁。东北之长白、西南之点苍，亦皆亲履其地。游迹之广，徐霞客犹未能及之焉。北平西山大觉寺侧，有鹫峰寺，数百年旧迹也，日就颓废，先生爱其广旷，为之修葺，金碧辉煌，山水顿然生色。讼师某见而涎之，夺以为别墅，先生默然，绝不语其事。其访求文物也，偶有见，则必力图所以保护流传之道，以公诸世。《碛砂藏》之影印、《赵城藏》之发现，世备知之矣。七七变后，居延汉简遗于北平某地，日寇索之急，先生浼沈君仲章设奇计以出之，秘运至香港，辗转移存于美，今始归赵，日人始终不知也。今人多能读居延汉简考释，而孰知其中所历之艰险哉？战时以维运古物，至于覆车折腿，复间关奔走，鸠集志士，搜采书籍于东南，厥功尤伟。今日典守古物图书诸长史，当犹有能言之者。世有良史，将载诸国乘以彰其功绩也必矣。民国五十九年岁次庚戌，夏历七月二十三日，为先生九十悬弧之辰。润孙早年追陪杖履，得闻训诲。在沪时，以避兵火托庇宇下，先生视润孙宛如子弟焉。哲嗣伯郊，能传其版本古物之学，与润孙时相过从。两世交契，今日竟不克抠衣登堂，申颂祝于万一，瞻望云天，怅恨无已。谨陈其隐德奇行以为先生寿，惜润孙之所能知者，犹浅鲜也。知雄守雌，为而不有，方之古人，盖诚有得于柱下史之传者也，先生之德其犹龙乎？"

1971 年 5 月 19 日，徐森玉含冤去世。

周恩来总理听到这一消息，很是伤感，说道："我们又失去了一个国宝！"然后，他吩咐工作人员急电上海，对家属表示慰问，同时又告知遗体暂不要火化，听候国务院安排。谁知过了几天，当时的上海市革命委员会通知家属：国务院不出面了，家属可自行火化处理。

1979 年 2 月 16 日，徐森玉的追悼大会终于得以举行。一代文物鉴定大师、著名金石学家、版本目录学家的名誉，得到了恢复。终生淡泊的徐森玉，在九泉之下，还会在乎这个吗？

人们来到苏州七子山，从半人多高的杂草中找到了徐森玉的墓

碑，重新立碑。他的女婿、诗人王辛笛含泪写下了两首诗，寄托了
人们对他的哀思：

> 何期营葬送斯文，山下人家山上云；
> 万事于翁都过了，斜阳无语对秋坟。
>
> 知在秋山第几重？全凭溪水想音容；
> 横塘不见凌波路，坐听枫桥晚寺钟。

附　　录

生 平 简 表

1881年　夏历七月二十三日生于浙江吴兴菱湖镇。兄守之（名鸿猷，以字行）长其九岁。母亲闵氏，出身名门，世代以刊刻古籍为业。

1884年　父亲携带全家至江苏泰州谋职，后定居。弟鹿君（名鸿宾，以字行）生，少其三岁。母亲授其诗书。

1888年　父亡。

1889年　家境贫寒，兄守之只身入川为幕府，闵太夫人携两兄弟，投奔任江西九江知县之本家叔父。太夫人在县衙家塾教授侄女辈，两兄弟则附读于县衙之家塾。

1893年　徐森玉天资聪敏，且已有古文根底，入家塾两年后，塾师即无力任教，建议其投考江西庐山白鹿洞书院。入白鹿洞书院，受业于式枚之门八年，打下国学、版本目录学基础。

1900年　弃科举而考入山西大学堂，读化学。

1902年　以每年所得奖学金之部分供弟鹿君入山西大学堂读书。撰写《定性分析》一书，并由商务印书馆出版。

1905年　毕业于山西大学堂。时山西大学堂监督（校长）宝熙甚赏识其才华，经常接之进府谈古论今。其以后成为一代著名古文物鉴定大师以及金石学、版本目录学专家，实与宝熙有关。

1906年　至奉天任测绘学校及实业学校监督（校长）。

1907年　回泰州与王氏夫人完婚。

1908年　编撰《无机化学》出版。

1911年　为红十字会赴武昌救护辛亥革命志士。

1912 年　任教育部佥事。安家北平（今北京），初住石驸马
　　　　大街内鲍家街，与周肇祥同住，后迁至都城皇庙街
　　　　（今成方街）。

1915 年　清史馆成立，赵尔巽任馆长，聘其为协修，主修《职
　　　　官志》。

1918 年　任教育部佥事和秘书，和鲁迅先生共事。

1919 年　委托商务印书馆张元济先生影印《北山录》。

1921 年　6 月 3 日，北平国立八校教职员请愿，马叙伦、李
　　　　大钊、沈兼士等在总统府（新华门）前被军警打伤，
　　　　由其护送至德国医院救治。

1924 年　11 月，冯玉祥逐溥仪出宫，被派驻由当局与逊清共
　　　　同组成的清室善后委员会工作，并担任古物保管委
　　　　员会顾问及东陵盗宝案审查委员会委员。是年，任
　　　　故宫博物院古物馆馆长。

1927 年　中年皈依三宝，精研唯识，与韩德清居士建三时学
　　　　会。是年秋，迁居三时学会，公余之暇，茹素研读
　　　　经书。

1931 年　与袁同礼、赵万里集资购明万历丁巳（1617 年）刻
　　　　本《金瓶梅词话》，并影印一百二十部。

1933 年　故宫文物迁往上海，藏法租界四川南路天主堂，参
　　　　加精选文物。

1937 年　8 月，故宫文物南迁，率第一路由南京出发溯江至
　　　　武汉，转由粤汉路到长沙。
　　　　11 月，由长沙潜赴天津，抢救居延汉简。

1939 年　春，主持故宫古物南迁，在贵州安顺逗留经年，住
　　　　读书山。因日寇又将西侵，只得与同伴携带文物进
　　　　行更艰巨之转移，翻越数十道大山，历时两月，始
　　　　到重庆。时腿部伤残，不良于行。

1940 年　12 月，至上海，与郑振铎、张寿镛、张菊生、何炳
　　　　松收购古籍善本。至 1941 年 7 月结束，携带八十箱

孤本善本赴香港，经桂林到重庆。

1941年　将在上海所购古籍精选编为《玄览堂丛书初集》。"玄览"二字取意《文赋》："伫中区以玄览，移情志于典坟。"

1942年　为抢救《赵城藏》献策。该藏后由山西八路军抢救成功，现藏北京国家图书馆。

1947年　6月19日，集中于重庆的故宫博物院文物，开始向江苏南京发运，历时半年，全部运到南京朝天宫库房。

1948年　11月中旬，在蒋复璁电召下赴南京，于翁文灏宅参加故宫博物院、中央研究院联席会议，与会者还有王世杰、朱家骅、翁文灏、傅斯年、李济等，讨论文物迁台事。会上推徐森玉、李济督运及照料文物。
　　　　12月13日，他在给台静农信中言及此事云："衮衮诸公安以台湾为极乐国，欲将建业文房诸宝悉数运台，牵率老夫，留京十日，厕陪末议。期期以为不可，未见采纳。"从此与故宫博物院脱离关系，隐居上海，并将南京所予赴台湾机票上交。

1949年　5月，上海解放。
　　　　8月，陈毅领导建立上海市文物管理委员会，任命专家李亚农为主任，党外人士、著名文物鉴定家及图书版本专家徐森玉为副主任。

1951年　秋，受周恩来总理委派和北京文物整理委员会主任马衡南下至广州，赎取"三希堂"中之"二希"（即王献之《中秋帖》、王珣《伯远帖》）。经二老鉴定确属"二希"无误，乃以三十五万港币（合人民币二十七万）易得，由马衡等带至北京，完成国宝回归之使命。

1953年　收购刘体智所藏甲骨一万片，并以1万元收购一枚宰丰骨（20世纪30年代殷墟小屯出土商代帝乙帝

辛时期之牛肋骨），刻辞文字及图案均以绿松石嵌
饰，精美绝伦。

1971 年　遭"四人帮"迫害逝世，享年九十一岁。

封面绘图　崔　浩

封面设计　张希广

责任印制　王少华

责任编辑　王　戈

图书在版编目（CIP）数据

徐森玉 / 郑重 著. —北京：

文物出版社，2007.3

（中国文博名家画传）

ISBN 978-7-5010-1913-7

Ⅰ. 徐… Ⅱ. ①郑… Ⅲ. 徐森玉 - 自传 - 画册

Ⅳ. K825.81-64

中国版本图书馆 CIP 数据核字（2006）第 038617 号

中 国 文 博 名 家 画 传

徐　森　玉

郑 重　著

＊

文 物 出 版 社 出 版 发 行

北京东直门内北小街 2 号

邮政编码：100007

http://www.wenwu.com

E-mail:web@wenwu.com

北京市达利天成印刷装订有限责任公司印刷

新 华 书 店 经 销

965 × 1270　1/32　印张：7.75

2007 年 3 月第 1 版　2007 年 3 月第 1 次印刷

ISBN 978-7-5010-1913-7　　定价：80 元